HACKERS

Catalogage avant publication de Bibliothèque et Archives nationales du Québec et Bibliothèque et Archives Canada

Roy, Isabelle, 1984-

Hackers

L'ouvrage complet comprendra 2 volumes.
Pour les jeunes de 13 ans et plus.

ISBN 978-2-89723-835-3 (vol. 1)

I. Titre.

PS8635.O911H32 2016 jC843'.6 C2016-940910-4
PS9635.O911H32 2016

Les Éditions Hurtubise bénéficient du soutien financier du gouvernement du Québec par l'entremise du programme de crédit d'impôt pour l'édition de livres et de la Société de développement des entreprises culturelles du Québec (SODEC). L'éditeur remercie également le Conseil des arts du Canada de l'aide accordée à son programme de publication.

Financé par le gouvernement du Canada | Canada

Illustration de la couverture : Éric Robillard, Kinos
Graphisme : René St-Amand
Maquette intérieure et mise en pages : Martel en-tête

ISBN 978-2-89723-835-3 (version imprimée)
ISBN 978-2-89723-837-7 (version numérique pdf)
ISBN 978-2-89723-836-0 (version numérique ePub)

Dépôt légal : 3e trimestre 2016
Bibliothèque et Archives nationales du Québec
Bibliothèque et Archives Canada

Diffusion-distribution au Canada :
Distribution HMH
1815, avenue De Lorimier
Montréal (Québec) H2K 3W6
www.distributionhmh.com

Diffusion-distribution en Europe :
Librairie du Québec/DNM
30, rue Gay-Lussac
75005 Paris FRANCE
www.librairieduquebec.fr

Imprimé au Canada

www.editionshurtubise.com

ISABELLE ROY

HACKERS

Hurtubise

De la même auteure

Série *Les Fées-du-phénix*

Tome 1, *La tempête de Ceithir*, roman, Montréal, Hurtubise, 2012.

Tome 2, *Le gouffre de Pandore*, roman, Montréal, Hurtubise, 2013.

Tome 3, *Le manoir de Bellator*, roman, Montréal, Hurtubise, 2014.

We are Anonymous,
We are Legion,
We do not forgive,
We do not forget,
Expect us.

- Anonymous -

Prologue

Alex, figé devant son ordinateur, n'arrivait pas à y croire. Le regard fixé sur l'écran et les doigts suspendus au-dessus du clavier, il restait là, immobile dans la pénombre de sa chambre. Il n'avait même pas remarqué que le soleil s'était couché.

Il s'était fait avoir!

Brusquement, il esquissa un geste en direction de son cellulaire, avant de se raviser. Il devait d'abord réfléchir.

Son père lui avait répété mille fois de rester discret et prudent.

Surtout lorsqu'il s'agissait de piratage informatique.

Son père, David Bourdon, cryptologue émérite et respecté de tous, était aussi un redoutable pirate informatique. Il avait initié Alex au monde du cyberespace et, dès le début, l'avait mis en garde contre les dangers que cet univers recelait. Seulement voilà, Alex aimait prendre des risques et n'écoutait pas toujours les conseils avisés de son père.

Cette fois-ci, il était allé trop loin.

Alex se leva et se mit à faire les cent pas au milieu de sa chambre. Il repassait le fil des événements dans sa tête, essayant de comprendre comment il en était arrivé là.

Il se sentait stupide de n'avoir rien vu. De toute évidence, Furet53, son pire ennemi sur le Net, lui avait tendu un piège. Alex en avait la preuve sous les yeux et il en appréhendait les conséquences.

Le bruit de la porte d'entrée qui s'ouvrait le fit sursauter.

— Alex ? appela une voix familière.

Ce dernier se mordit les lèvres. Il aurait voulu avoir plus de temps pour penser à une solution, même s'il doutait qu'il y en ait une. Il attendit un peu, debout au milieu de sa chambre, avant de répondre d'un ton qu'il voulait calme :

— Oui, papa, j'arrive !

Il prit une grande inspiration et se dirigea vers la cuisine.

Quelques années auparavant, son père avait acheté un condo de style industriel avec des plafonds hauts et des murs en briques. Alex avait toujours adoré y vivre. Il regarda chaque détail sur son chemin, conscient qu'il ne reverrait peut-être pas cet endroit de sitôt.

Avec une boule dans l'estomac, il rejoignit son père qui farfouillait, la tête dans le frigo. Après une hésitation, il se lança :

— Papa…

— Tu veux un sandwich ? Je m'en fais un.

— Non merci. Écoute…

— Je meurs de faim ! le coupa David en refermant la porte du réfrigérateur d'un coup de pied, les mains pleines de victuailles. On a travaillé comme des fous sur le nouveau programme antivirus au bureau et je ne me souviens plus à quand remonte ma dernière bouchée.

Alex le regarda étaler de la moutarde sur son pain sans pouvoir se décider à parler. Même s'il portait un complet, comme d'habitude, son nœud de cravate était relâché et ses cheveux poivre et sel étaient dépeignés. Il était grand, tout comme Alex qui, lui aussi, se souciait fort peu de sa coiffure. Ses cheveux châtains retombaient souvent devant ses yeux noisette, pareils à ceux de son père. Les gens leur disaient constamment qu'ils se ressemblaient beaucoup.

David, s'apercevant soudain du silence de son fils, leva la tête et l'interrogea du regard.

— Papa…

Alex avait la bouche tellement sèche qu'il dut se racler la gorge avant de continuer :

— Tu te souviens, quand tu m'as dit que je devais me méfier de Furet53 ?

Les yeux de David se plissèrent, il attendait la suite.

— Eh bien… je ne l'ai pas fait.

Son père se passa une main sur le visage en soupirant. Il repoussa son assiette et posa ses deux poings sur le comptoir.

— C'est grave ?

— Oui, souffla Alex en saisissant une tomate qu'il fit passer d'une main à l'autre pour éviter d'avoir à regarder son père. Il a pris une fausse identité et m'a contacté pour me parler du site Internet de BlackOwl.

En entendant ce nom, son père releva vivement la tête.

— Dis-moi que tu n'as pas piraté une compagnie qui s'occupe de sécurité privée !

— D'après lui, BlackOwl avait une faille. Au début, j'ai fait des tests d'intrusion et j'ai compris qu'il avait raison. Il y avait une vulnérabilité dans leur protection et j'ai facilement réussi à m'introduire dans leur réseau.

— Tu ne trouvais pas ça louche que ce soit si facile ? le questionna David, une pointe de reproche dans la voix.

Alex serra la mâchoire. Il se savait doué avec les ordinateurs, alors comment pourrait-il avouer à son père, lui si vigilant, qu'il avait voulu tester ses limites ? David ne s'était jamais fait prendre et avait toujours insisté pour que son fils, trop téméraire à son goût, fasse preuve de prudence.

— J'ai pris mon temps et j'ai fait bien attention, se justifia Alex.

— Qu'as-tu réussi à obtenir comme information ?

— J'ai... pris leurs dossiers classés ultrasecrets, avoua Alex d'une voix presque inaudible. J'ai tout ça sur une clé USB. Tu sais, je n'ai jamais eu l'intention de les utiliser, j'ai juste fait ça pour le fun...

David dévisagea son fils avec colère. Alex n'avait pas l'habitude de voir son père fâché contre lui. Ils s'entendaient bien et Alex adorait passer du temps avec lui. En cet instant par contre, il aurait tout donné pour être ailleurs. Son père tira sur son nœud de cravate, comme s'il l'étouffait.

— Comment Furet53 t'a-t-il piégé ?

Alex sentit son estomac se contracter. Il avait tellement trituré la tomate entre ses mains qu'elle était devenue toute molle.

— Il a manigancé tout ça dans le seul but de me coincer, oui. Je viens de recevoir un message de lui qui me décrit comment il a programmé le système pour qu'ils me détectent. Je sais que cette compagnie a un énorme réseau. Ce n'est qu'une question de temps avant que la trace de mon passage ressorte. À cause du logiciel de Furet53, ils vont découvrir mon identité...

— … et la police va t'arrêter, conclut David d'une voix nerveuse. Tu sais qu'ils sont très sévères envers les pirates informatiques.

— Je n'ai que seize ans !

La peur qu'il avait réussi à dominer l'envahissait maintenant. Il s'était stupidement imaginé qu'il y aurait une solution autre que celle-là, qu'il pourrait s'en sortir.

Son monde s'écroulait sous ses yeux : ses amis, son père, sa maison, son école, il allait tout perdre.

— Est-ce que Camille est au courant ? s'enquit David après un silence.

Alex pensa à sa meilleure amie, qui aurait désapprouvé cette démarche, et il secoua la tête. D'un air sombre, son père enchaîna :

— Il y aurait une solution, très risquée cependant…

— Entrer directement dans leurs serveurs pour enlever les empreintes de mon passage, devina Alex qui y avait déjà songé. Le siège social de BlackOwl a beau être en ville, ça reste une entreprise très protégée. C'est impossible.

David enfouit sa tête entre ses mains, signe qu'il réfléchissait intensément.

Les mains d'Alex tremblaient et il les cacha dans ses poches. Dans le silence pesant, il sentait ses épaules s'affaisser comme si elles voulaient s'enfoncer dans le plancher. Après ce qui lui sembla une éternité, son père releva la tête. En dépit de ses traits tirés, son regard était calme et décidé lorsqu'il laissa tomber:

— Rien n'est impossible.

L'édifice de BlackOwl s'élevait sur une trentaine d'étages, sombre et sinistre sous la pluie. Les lampadaires éclairaient faiblement les feuilles mortes collées au sol. Alex, assis dans l'auto, scrutait l'intérieur de l'immeuble. Sa respiration faisait de la buée contre la vitre. Le grand hall illuminé était vide ce soir-là. Il n'y avait qu'un garde de sécurité, à son poste comme prévu. Assis à côté d'Alex, son père et Camille discutaient à voix basse. Camille pianotait sur un petit écran connecté à son cellulaire et David commentait ce qu'elle faisait en lui donnant un conseil de temps à autre. Alex jeta un regard furtif à sa meilleure amie qui arrivait à garder son sang-froid malgré la gravité de la situation. Elle quitta même son écran des yeux pour lui adresser un sourire complice. Elle avait mis son manteau noir et ses cheveux blonds tombaient en cascade dans son dos. Ses lèvres étaient aussi rouges que le foulard qui s'enroulait autour de son cou.

Camille n'avait pas son pareil pour découvrir des secrets. Elle détestait qu'on lui mente. Alex avait finalement pris son téléphone pour tout lui révéler. Furieuse d'apprendre dans quel guêpier il s'était fourré, elle lui avait tout de même offert son aide, ce qu'il avait accepté. Ils avaient besoin d'une troisième personne et son père s'était assuré qu'elle ne risquerait rien.

— Tout est prêt! déclara ce dernier en ouvrant la porte du véhicule. C'est maintenant ou jamais.

Alex sentit son adrénaline monter d'un cran. Camille sortit avec eux, puis elle s'éloigna dans la direction inverse, son écran toujours à la main.

David entra dans le grand hall, suivi d'Alex. Ils avancèrent jusqu'au bureau du gardien qui détailla l'adolescent d'un air soupçonneux. David avait revêtu un complet chic qui lui allait comme un gant, alors que son fils détonnait avec son gros chandail à capuchon et son sac d'école sur les épaules.

— Bienvenue chez BlackOwl, fit l'homme. Avez-vous rendez-vous?

— Oui, répondit David avec un sourire affable, monsieur Royer m'attend.

L'agent de sécurité saisit le téléphone pour appeler et Alex, jouant son rôle, intervint:

— Je dois aller aux toilettes.

— Prenez le couloir de droite, l'informa le surveillant en mettant une main devant le combiné.

Alex le remercia d'un hochement de tête, puis s'efforça d'adopter une démarche normale pendant qu'il empruntait le chemin indiqué. Derrière lui, il entendit l'homme dire à son père que monsieur

Royer, le président de l'entreprise, ne répondait pas au téléphone. David insista pour qu'il essaie à nouveau de le contacter.

Dès qu'Alex eut tourné le coin, il s'élança au pas de course, son sac battant la cadence contre son dos, ignorant les caméras au plafond qui le fixaient comme de gros yeux d'insectes noirs. Dans la voiture, un peu plus tôt, Camille s'était branchée au réseau de surveillance de l'édifice et contrôlait les images à distance avec son moniteur, le rendant invisible.

Alex passa devant les toilettes et continua son chemin jusqu'à un escalier qui menait aux étages inférieurs. Il emprunta un corridor et arriva devant une porte sur laquelle était inscrit: Salle des serveurs. Il actionna la poignée: la porte était verrouillée, comme il s'y attendait. Il sortit de sa poche un morceau d'aluminium qu'il avait prélevé d'une canette de Coke. Il le plia pour obtenir la forme voulue et le glissa doucement entre la porte et son cadre. Il travaillait avec minutie, triturant le morceau d'aluminium contre le verrou pour l'ouvrir. Des perles de sueur commençaient à se former sur son front. Les secondes s'écoulaient sans que rien ne se produise. Il serra les dents, s'efforçant de garder son calme. Il ne disposait que de très peu de temps. Alors qu'il se demandait s'il ne serait pas mieux de frapper sur la serrure à grands coups de pied (bien sûr, il savait que c'était une idée ridicule), il entendit le déclic tant attendu et tourna la poignée avec un petit sourire.

Il se dépêcha d'entrer et fut aussitôt saisi par une vague d'air frais et un gros bourdonnement produit par les machines qui l'entouraient. Il découvrit toute une série de meubles en acier, disposés en rangées. Cela lui rappela les casiers de son école, excepté que ceux-ci étaient noirs et qu'ils renfermaient tous les serveurs de l'entreprise.

Alex ouvrit le premier caisson à sa droite et vit plusieurs boîtes de fils enchevêtrés, empilées les unes sur les autres. Il déposa son sac par terre et en extirpa un ordinateur portable. Il le brancha à un serveur et démarra le programme qui permettrait d'effacer les traces de son piratage. Ses doigts défilaient à une vitesse folle sur le clavier.

Il activa le logiciel, qui commença à balayer l'ensemble du système informatique pour repérer ses informations personnelles.

Pendant que l'ordinateur travaillait, il essuya son front moite du revers de la main et tenta de reprendre une respiration normale. Tous ses sens étaient en éveil et il ne cessait de jeter des coups d'œil anxieux vers la porte.

Après une attente interminable, le processus de détection et suppression des données personnelles était sur le point de s'achever. Alex allait lâcher un cri de victoire lorsqu'il entendit la porte s'ouvrir derrière lui.

Il se retourna et vit son père, blême à faire peur.

— Tu dois te cacher, dit celui-ci en poussant le verrou.

— Pourquoi ? J'ai presque terminé...

Ignorant sa question, David fit quelques pas puis se mit à genoux. Sous le regard médusé de son fils, il entreprit de retirer une dalle du plancher avec une étonnante facilité.

— Qu'est-ce qui se passe ? demanda Alex en élevant la voix, inquiet.

— On manque de temps. Cache-toi ici.

Alex s'avança.

— Comment savais-tu ?...

— Toutes les salles de serveurs ont un faux plancher amovible pour les protéger en cas d'inondation, le coupa David.

Il empoigna le bras de son fils et le tira sans ménagement. Alex se faufila dans l'ouverture, n'osant pas désobéir, quand son ordinateur émit un petit « ding », signe qu'il avait terminé son travail.

— Papa, on peut partir, chuchota Alex qui ne comprenait plus rien. On a réussi, la bande est détruite !

David se contenta de secouer la tête. Il remit le portable dans le sac, puis le lança à Alex qui le reçut en pleine poitrine et s'enfonça davantage dans son trou. Il appuya sur les épaules de son fils pour le forcer à s'y dissimuler. Alex, plié en deux, les genoux collés au menton, sentait la panique le gagner.

— Tu ne te caches pas ?

— Ils vont avoir besoin d'un coupable. Ne t'en fais pas pour moi, j'ai un plan B.

Il saisit son cellulaire dans sa poche et envoya un message texte qu'Alex ne put voir.

— Qu'est-ce que tu fais ? À qui écris-tu ? s'affola Alex qui devinait dans quel pétrin ils étaient.

Des bruits de pas qui se rapprochaient à toute allure retentirent dans le couloir. David saisit la dalle pour la replacer au-dessus de son fils.

Alex voulut l'arrêter.

— Attends ! Tu ne peux te faire prendre à ma place, tout est de ma faute !

— Mais non, ce n'est pas de ta faute. Ne t'inquiète pas, je vais m'en tirer.

Des gens tentaient d'entrer dans la salle. Ils tambourinaient contre la porte en même temps qu'un bruit de trousseau de clés tinta.

— Reste caché ici et attends une bonne heure avant de sortir. Tu emprunteras la porte de derrière pour qu'on ne te voie pas.

Alex n'eut pas le temps de répondre que la trappe se refermait, le laissant dans le noir.

Au-dessus de lui, la porte d'entrée de la salle s'ouvrit brusquement. Il entendit son père tenter de calmer les hommes qui venaient d'entrer pendant que ces derniers criaient des ordres. Son père fut rapidement entraîné hors de la pièce et le silence retomba.

Le cœur d'Alex battait contre ses tempes. Il avait l'impression d'être dans une tombe, enterré vivant. Ses pensées se bousculaient dans sa tête. Que s'était-il passé ? À quelle étape le plan avait-il échoué ? Qu'allait-il arriver ensuite ? Qui son père avait-il contacté tout à l'heure ? Alex connaissait un seul groupe de pirates informatiques assez puissants pour intervenir : ADNchaos. Toutefois, ils étaient bien trop dangereux pour que son père consente à conclure une entente avec eux…

Allait-on le trouver, tapi sous le plancher ? Ils devaient être à sa recherche. Couché sur son bras qui commençait à s'engourdir, Alex n'avait pas assez de place pour bouger et le coin de son ordinateur portable lui entrait douloureusement dans les côtes.

Avec un soupir résigné, il se força à attendre, tandis que les questions continuaient de fuser dans son esprit.

Camille avait vu le père et le fils entrer dans l'édifice. Elle s'était postée de l'autre côté de la rue, près d'un arrêt d'autobus, ses écouteurs sur les oreilles. David l'avait appelée sur son cellulaire avant de partir et il n'avait pas coupé la ligne, lui permettant ainsi de tout entendre à distance. Pendant que le père d'Alex demandait à rencontrer le président de l'entreprise, elle observait le petit moniteur qu'elle avait à la main.

Camille s'était branchée sur les caméras en circuit fermé de BlackOwl. Elle devait donc rester à proximité de l'édifice, sinon elle perdrait la connexion.

Un coup de vent la fit frissonner et elle enfouit son nez dans son foulard. Ses cheveux blonds volèrent autour de son visage, alors qu'Alex empruntait le corridor menant aux toilettes. Camille regarda son écran avec ses grands yeux noirs et s'assura qu'elle repassait le même segment en boucle sur les moniteurs, celui où l'on ne voyait pas un adolescent de seize ans forcer la serrure de la salle des serveurs.

La conversation entre David et le garde retint alors son attention. Ce dernier avait appelé le président sur son cellulaire, qui avait nié avoir une rencontre de prévue. Elle grimaça. David s'était renseigné sur l'itinéraire du président et il aurait dû être dans l'avion à cette heure, injoignable. De cette façon, le garde aurait perdu plus de temps à essayer de le joindre.

Le vol avait dû être retardé et, malheureusement, Alex allait avoir moins de temps que prévu pour réussir son coup.

— Monsieur Royer est présentement à l'aéroport afin de prendre un vol pour Pékin, lui apprit le vigile d'un ton sec.

— Vraiment ? J'ai dû me tromper de jour. Si vous permettez, je vais attendre le retour du petit.

L'homme resta de marbre pendant que David s'installait dans un fauteuil. Semblant très à l'aise, il croisa les jambes et tenta de faire la conversation au gardien qui ne cessait de regarder ses écrans, probablement à la recherche d'Alex.

Camille jura intérieurement. Ils allaient manquer de temps. Alex n'allait pas assez vite.

Effectivement, le gardien montra rapidement des signes d'impatience et, après un moment, il sortit de derrière son bureau.

— Que faites-vous ? l'arrêta David, un brin d'inquiétude dans la voix.

— Je vais faire une ronde. Restez ici.

— Je peux aller voir ce qu'il fait, si c'est ce qui vous préoccupe. Vous savez, les ados, parfois...

L'humour ne dérida pas le surveillant qui l'observait avec suspicion pendant que David empruntait le même chemin qu'Alex.

Camille se sentait impuissante. Ils avaient misé sur Alex sans penser que le gardien se montrerait aussi méfiant envers un adolescent. David devait terriblement s'en vouloir en cet instant.

Le cellulaire de David était toujours ouvert lorsqu'il entreprit sa course dans les corridors. Elle écouta l'échange entre le père et le fils en même temps qu'elle observait le garde parler au téléphone, visiblement en état d'alerte. En deux minutes à peine, trois nouveaux vigiles rejoignirent le premier. Ceux-là étaient armés et ils se mirent à la recherche des deux intrus. Au moment où ils pénétrèrent dans la salle des serveurs, Camille les perdit de vue sur son écran.

Elle se mit à marcher de long en large sur le trottoir. Des cris et des bruits d'altercation résonnaient dans ses écouteurs. Elle ne savait pas ce qui se passait et détestait ça. Elle aurait voulu envoyer un message texte à Alex, sauf qu'il avait laissé son cellulaire dans la voiture par précaution : il n'avait rien sur lui qui permettait de l'identifier.

Soudain, David revint dans son champ de vision, les menottes aux poings, entouré des gardiens furieux.

— Où est le garçon ? demandaient-ils sans relâche à leur prisonnier.

— Il s'est sauvé. Il ne m'a pas attendu.

— Nous avons contacté les autorités, lâcha l'un d'eux. Vous ne vous en tirerez pas si facilement.

David gardait la tête obstinément baissée, ignorant les menaces.

Camille ferma les yeux, ne pouvant pas en supporter davantage. La police allait fouiller les lieux et découvrir Alex, ainsi que le portable qu'il avait utilisé pour s'introduire dans leur réseau. Elle aurait voulu agir, l'aider, seulement on lui avait explicitement demandé de ne pas intervenir si les choses tournaient mal.

Une luxueuse voiture aux vitres teintées s'arrêta devant l'édifice. Deux hommes en sortirent et pénétrèrent dans le hall. L'un avait des cheveux d'un gris acier et l'autre, une épaisse chevelure blonde. Elle pensa d'abord qu'ils étaient des policiers, quoiqu'ils ressemblaient davantage à des hommes d'affaires avec leurs costumes chics. Un mauvais pressentiment s'insinua en elle.

Sur son écran, Camille put voir les deux hommes se diriger sans hésiter à la rencontre du groupe.

— Nous venons le chercher, annonça l'un d'eux en pointant David.

Puis ils exhibèrent un badge que Camille ne put voir. Celui-ci parut impressionner les gardes.

— Nous allons nous occuper de lui, continua l'homme blond. Vous pouvez lui retirer ses menottes.

— Nous devons faire un rapport, s'opposa un des gardiens.

— Nous contacterons directement votre président et lui ferons notre rapport nous-mêmes.

Après une légère hésitation, un garde retira les menottes à David qui se frotta les poignets.

— Il y avait un garçon avec lui, les informa le garde qui avait vu Alex. Nous ne l'avons pas retrouvé.

— Il a dû se sauver par l'arrière du bâtiment, mentit David. Je ne le connais même pas. C'est un adolescent que j'ai croisé dans la rue et que j'ai payé pour qu'il m'aide à détourner votre attention.

Le gardien, sceptique, lui décocha un regard torve.

— Venez avec nous, dit le blond à David, notre voiture est devant l'entrée.

Ils sortirent et Camille tendit l'oreille, attentive, dans l'espoir d'apprendre qui étaient ces individus. David mit la main dans sa poche et éteignit son téléphone. Éberluée, l'adolescente retira ses écouteurs. Pourquoi avait-il fait ça ? Il la regarda un bref instant, de loin, et lui adressa un sourire discret qui, bien que se voulant rassurant, lui parut plutôt crispé. Il monta dans le véhicule qui démarra et passa devant Camille. Elle sortit son cellulaire, prit une photo de la voiture et le remit dans son sac.

Ensuite, elle prit place sur un banc et attendit qu'Alex sorte.

Une heure plus tard, Alex apparut enfin au coin de la rue. Il lui fit signe et elle le rejoignit au pas de course.

— Tu n'as rien ? lui demanda-t-il en la serrant dans ses bras.

— Non, et toi ?

Il avait l'air secoué, mais il répondit par la négative.

— Ils ont emmené mon père ?

— Des hommes sont venus et David est parti avec eux. C'étaient peut-être des policiers…

— Ne restons pas ici. Rentrons, tu me raconteras en chemin.

Lorsqu'ils arrivèrent chez Alex, Camille avait eu le temps de tout lui rapporter et ils avaient déjà commencé à lancer des hypothèses sur l'identité des mystérieux hommes en costume. Or, aucune de leurs suppositions ne tenait la route.

Alex se dirigea vers son ordinateur pendant que Camille jetait son manteau sur le divan. Il accéda à sa boîte de courriel et vit le message que son père venait de lui laisser, à peine quelques minutes plus tôt.

— Camille…

Elle arriva aussitôt à ses côtés et émit un petit cri. L'objet du courriel ne comportait que trois mots : *Pour mon fils.*

Alex l'ouvrit et le lut en silence.

Alex, à partir d'aujourd'hui, je ne pourrai plus avoir de contact avec toi ni avec quiconque, et cela pour un long moment. Je dois travailler pour ceux qui m'ont aidé à étouffer le chaos chez BlackOwl. Tout va bien aller. Par contre, tu ne peux pas rester seul. Tu dois aller vivre chez ta mère.

Crois-moi, je n'ai pas d'autre choix.

N'oublie pas ce que je t'ai dit : ce n'est pas de ta faute.

Je t'aime,

Papa

P.-S. Reste vigilant et fie-toi à tes intuitions.

Camille avait agrippé le bras d'Alex et le serrait fort. Alex lut le post-scriptum encore et encore, même s'il avait compris dès le départ ce que son père avait voulu lui dire : c'était le groupe ADNchaos qu'il avait contacté devant lui, par texto, dans la salle des serveurs, et il savait ce que ça impliquait. Ses membres étaient redoutables et David refusait qu'Alex tente quoi que ce soit pour l'aider.

Oui, c'était entièrement de sa faute.

Et il n'avait pas l'intention de laisser son père payer pour ses erreurs.

1

Alex se leva sur la pointe des pieds pour atteindre la boîte de céréales, qui resta hors de portée. Avec un grognement, il alla chercher une chaise afin d'attraper sa collation.

« C'est quoi l'idée de mettre ça si haut ? » se demanda-t-il.

Il ouvrit ensuite la porte du réfrigérateur et saisit la seule chose qui occupait les tablettes : une pinte de lait à moitié vide. Il en versa dans ses céréales, s'installa sur un tabouret et prit une bouchée qui résonna dans la grande cuisine remplie d'ombres.

Alex avait emménagé une semaine plus tôt avec sa mère, qui n'avait pas l'air particulièrement enchantée de la situation. Elle n'en avait rien dit, mais il n'était pas dupe. Madeleine était une femme d'affaires qui avait consacré beaucoup de temps à sa carrière, au détriment de son rôle de mère. Depuis qu'il était petit, Alex avait toujours habité avec son père et ne voyait sa mère qu'à de rares occasions, principalement aux anniversaires. Depuis longtemps, Alex avait accepté l'idée que cette femme brillante, vaniteuse et froide ne serait jamais comme les mamans de ses amis. Elle prenait rarement de ses nouvelles et ne semblait jamais tout à fait à l'aise en sa présence. Elle n'avait pas la fibre maternelle très développée, préférant se concentrer sur son travail. Cela n'embêtait pas Alex, puisqu'il avait une super relation avec son père. Cependant, maintenant qu'il était obligé de vivre avec elle, il trouvait leur relation pénible.

Son cellulaire sonna, illuminant la table de la cuisine. C'était un message texte de Camille :

« Je suis là. »

À peine une seconde plus tard, on frappa à la porte arrière et Alex alla ouvrir.

— Il fait froid ce soir, ronchonna son amie en entrant, et c'est fou ce que ta mère habite loin ! Bientôt, je ne pourrai plus venir avec ma Vespa, il va commencer à neiger.

Elle retira son manteau, ses gants et ses bottes, puis s'assit directement sur le comptoir.

— Es-tu nerveux ? l'interrogea-t-elle sans préambule, un sourire au coin des lèvres.

— Pourquoi ? Parce que je vais intégrer une nouvelle école demain, en plein milieu de l'année scolaire? rétorqua-t-il sarcastiquement. Non, pas du tout.

Il se remit à manger ses céréales.

— Je ne sais pas comment tu fais, continua Camille en ramenant ses genoux sous son menton, je serais tellement énervée à ta place. Aller à une école privée avec les élèves les plus fortunés de la ville!

— Ce sont leurs parents qui sont riches, nuança Alex. Moi, je n'ai aucune envie d'y aller.

— As-tu essayé d'en parler à ta mère?

— Comment? Elle n'est jamais ici, elle travaille tout le temps. De toute façon, elle a toujours voulu que j'aille au privé. L'école publique, ce n'est pas assez prestigieux. Mon père s'y est opposé, seulement là...

La bouche d'Alex devint sèche et il fixa le fond de son bol sans rien ajouter.

Camille se pencha vers lui et effleura sa main.

— As-tu des nouvelles de lui?

— Pas depuis qu'il m'a envoyé ce courriel. Mais je pense savoir comment le retracer.

— Je ne crois pas que ce soit une bonne idée...

— Arrête, soupira Alex en se levant. Je sais qu'il m'a demandé de ne pas le chercher, mais c'est moi qui l'ai mis dans cette situation et je vais l'aider à en sortir.

Il se dirigea vers l'évier et y laissa tomber son bol, qui se cassa presque sous le choc.

— Le groupe ADNchaos est dangereux, rappela-t-il. L'an passé, trois de leurs hackers ont été pris à espionner le gouvernement de la Russie. Une fois arrêtés, ils n'ont pas eu à attendre leur procès puisque quelques jours plus tard, on les a retrouvés morts, assassinés dans leur cellule. Je me suis beaucoup renseigné sur ADNchaos dernièrement. Ses membres sont réputés pour aider des pirates à se sortir du pétrin, puis, en échange, ils les forcent à exécuter des tâches risquées. Des tâches qu'ils préfèrent ne pas exécuter eux-mêmes. Je n'ose pas imaginer ce qu'ils vont exiger de mon père. Tu sais comment il est doué...

D'habitude, les groupes de pirates étaient plutôt désorganisés, sans véritable leader. ADNchaos se démarquait des autres puisqu'il disposait de ressources financières presque illimitées ainsi que de matériel informatique à la fine pointe de la technologie.

— Je crois surtout que tu risques gros si tu te mets le nez dans leurs affaires, l'avertit Camille. Je pense qu'on devrait s'intéresser à Furet53.

Alex afficha une mine perplexe.

— Qu'est-ce qu'il a à voir là-dedans ?

— C'est sûrement lui qui t'a tendu un piège. Il voulait que tu te fasses prendre et il faut chercher à savoir pourquoi.

— Il a disparu depuis ce mauvais coup. Je ne perdrai pas de temps à essayer de retracer ce type quand que mon père est en danger.

— On pourrait essayer d'en apprendre plus sur lui.

Alex la fixa gravement.

— Écoute, soit tu es avec moi et tu m'aides à sortir mon père de là, soit tu me laisses faire.

Camille soutint le regard décidé de son ami avant d'abdiquer :

— Très bien. Par quoi veux-tu commencer ?

Alex lui sourit et l'embrassa sur la joue en passant à côté d'elle pour aller chercher son ordinateur portable. À son retour, elle était en train d'ouvrir toutes les portes des armoires de la cuisine.

— Euh… je peux t'aider ?

— Je rêve ou il n'y a absolument rien à manger ici ?

— Je sais. Ma mère ne mange qu'au restaurant. Elle m'a dit qu'elle m'achèterait des plats préparés et naturellement, elle n'a pas eu le temps… ou elle a déjà oublié que je vis chez elle, ajouta-t-il amèrement.

Camille retourna s'asseoir sur le comptoir, puis croisa les jambes.

Elle n'avait vu la mère d'Alex qu'une fois, à l'occasion de la fête de celui-ci deux ans plus tôt. Elle en gardait le souvenir d'une femme élégante et hautaine qui, d'ailleurs, lui avait à peine adressé la parole.

Alex ouvrit son ordinateur et tourna l'écran vers son amie avec un air satisfait.

Camille soupira. Sur l'écran noir défilaient des chiffres vert fluo. Elle était douée pour le codage et pourtant, ce qu'elle voyait ne lui disait rien. Elle aimait surtout pirater des cellulaires ou insérer des logiciels espions dans des ordinateurs. Ses parents possédaient une entreprise de sécurité et elle avait grandi en entendant parler de surveillance et d'écoute électronique. Cet univers n'avait plus de secret pour elle.

— Je ne comprends rien à ce charabia, admit-elle.

— C'est normal, ce sont des numéros de cartes de crédit, lui apprit Alex. ADNchaos a lancé une cyberattaque hier contre une des plus grosses compagnies de crédit du pays. Ils ont mis en ligne toutes les données personnelles de ses clients.

— Ah oui, j'en ai entendu parler aux nouvelles. Je pensais que personne ne savait de qui venait ce coup.

Camille se mit à tourner une mèche de cheveux blonds autour de son doigt, comme elle le faisait souvent lorsqu'elle réfléchissait.

— Les autorités ont déjà identifié le responsable : ce serait un dénommé BryanAdams678. J'ai fait mes recherches.

Alex fit apparaître sur son écran un article remontant à quelques années.

— Il y a cinq ans, un type s'appelant David-Bowie122 a piraté le site du gouvernement. Quand il s'est fait prendre, il a admis qu'il faisait partie du groupe ADNchaos. L'affaire a vite été étouffée, mais regarde ce que j'ai découvert ensuite.

Il lui montra une liste de méfaits informatiques commis depuis les cinq dernières années ainsi que les pseudonymes des auteurs de ces actes. Son amie toussota dans son poing, impatiente qu'il clarifie le lien reliant toutes ces affaires.

Alex, lui, fixait Camille avec de grands yeux, attendant qu'elle réagisse.

— Euh… je ne reconnais pas la moitié de ces noms, et l'autre moitié ressemble à des noms d'artistes des années 80.

— Oui, ce sont tous des chanteurs qui ont connu un grand succès à cette époque-là. J'ai vérifié.

Camille leva un sourcil, amusée.

— Ne ris pas, j'ai dû les écouter sur YouTube et crois-moi, c'était pénible. Ce n'est pas pour rien qu'ils ne sont pas tous devenus populaires !

Camille s'esclaffa de son rire cristallin en rejetant la tête vers l'arrière. Alex aimait la voir rire ainsi.

— Qu'est-ce que ça prouve ? se reprit-elle. Qu'ADNchaos a de mauvais goûts musicaux ?

— Les hackers aiment faire ce genre de lien et dans ce cas-ci, ils ont choisi de prendre des noms d'artistes des années 80. Donc, c'est probablement eux qui sont responsables du piratage du site de la compagnie de crédit.

— Tu veux les dénoncer ? Tu ne gagneras jamais contre eux.

— Je pourrais juste les localiser.

Le regard de Camille s'illumina. Alex pouvait presque voir divers scénarios défiler dans sa tête à grande vitesse. Elle descendit du comptoir et se mit à faire les cent pas.

— Quelqu'un qui voudrait pirater une des plus importantes compagnies de crédit et rendre publiques toutes ses informations confidentielles prendrait les plus grandes précautions, réfléchit-elle tout haut en continuant de marcher de long en large. Il achèterait son ordinateur en payant comptant. Puis, il irait probablement dans un café Internet très, très loin de chez lui. Il utiliserait une adresse IP qui passe par différents pays afin qu'on perde sa trace. Ensuite, il détruirait l'ordinateur. À moins qu'il ait fait une erreur, ce serait impossible de le retrouver.

— Tu connais MikeSmith ? demanda Alex.

— Bien sûr. Il fait partie de BaconImpact, comme nous.

Alex et Camille étaient membres de ce groupe exclusif qui rassemblait les meilleurs pirates du pays. Pourtant, la plupart d'entre eux n'étaient pas du genre à se prendre au sérieux et ils aimaient s'affubler de pseudonymes humoristiques, d'où le nom du groupe, BaconImpact, qu'Alex appréciait particulièrement. Dans ce lieu virtuel, ils s'échangeaient des trucs et se transmettaient les dernières nouvelles sur le piratage.

— Eh bien, ce type connaît un membre d'ADN-chaos qui accepterait de me dévoiler comment retracer BryanAdams678.

— C'est impossible, réfuta Camille.

— Rien n'est impossible, la contredit Alex avec aplomb.

— Donc, ça ne doit pas être gratuit.

Alex fit une grimace qui donna raison à Camille.

— Super ! s'emporta-t-elle, et comment sommes-nous censés nous procurer des milliers de dollars ?

— En fait, il s'agit de dizaines de milliers de dollars.

Camille croisa les bras et observa Alex d'un air découragé.

— Tu sais que je ferais tout pour toi, mais là, tu vas trop loin.

— Camille…

— Attends, laisse-moi finir, le coupa-t-elle en s'approchant. Tu veux sauver ton père, sauf que lui t'a demandé de ne pas intervenir. Je crois que tu ne devrais pas aller contre sa volonté. David est un des meilleurs pirates informatiques du pays ; il est intelligent, futé et il sait ce qu'il fait. En plus, ta seule option est d'acheter l'information – qui coûte une fortune – d'un gars que tu ne connais pas, et tout ça avec de l'argent que tu n'as pas. Les membres d'ADNchaos viennent d'un peu partout à travers le monde ; découvrir la localisation de l'un d'entre eux ne nous aidera pas.

Alex baissa la tête et serra les dents. Il respira profondément. Camille avait raison sur toute la ligne, même s'il n'était pas prêt à l'admettre. Surtout qu'il ne lui avait pas encore tout révélé.

Camille se dit qu'elle avait peut-être été trop dure avec lui. Alex venait de perdre son père, il avait déménagé avec sa mère contre sa volonté et devait même changer d'école. De plus, la culpabilité le rongeait depuis que David avait été emmené par les hommes d'ADNchaos et il tenait à réparer ses erreurs. Elle le savait malin ; il n'aurait pas proposé cette solution s'il ne croyait pas en ses chances d'obtenir un résultat.

« Il manque un morceau du casse-tête », songea-t-elle en fronçant les sourcils.

— Y a-t-il autre chose que je devrais savoir ?

Alex hocha la tête, puis murmura :

— BryanAdams678…

— Oui ?

— C'est mon père.

2

Alex n'avait pas achevé son premier cours que déjà, il détestait cette école. L'enseignante, madame Clément, l'avait sermonné dès qu'il était entré dans sa classe.

— Monsieur Bourdon, ce n'est pas parce que c'est votre première journée ici que cela vous autorise à porter une tenue aussi débraillée, avait-elle clamé devant tout le groupe.

Il l'avait regardée, surpris.

— Rentrez votre chemise dans votre pantalon et passez donc chez le coiffeur ce soir. Nous ne tolérons pas le style surfeur dans cet établissement.

Quelques ricanements fusèrent, mais elle rappela vite ses élèves à l'ordre.

Alex avait de la difficulté en français et la professeure le lui fit remarquer d'emblée après l'avoir appelé au tableau pour un exercice particulièrement ardu.

— Vous feriez bien de réviser la matière. Les cancres n'ont pas leur place dans cette école, avait-elle lancé avant de lui demander de retourner s'asseoir.

Alex attendait que le cours se termine, impatient de sortir de là.

Lorsque la cloche sonna enfin, il quitta la classe avec soulagement. Dans le corridor, il entendit deux élèves de son cours parler devant lui.

— J'aurais tellement préféré avoir madame Niding, se plaignit l'un d'eux. Madame Clément est toujours sur mon dos.

— On n'est pas chanceux d'être tombés sur la prof la plus sévère de l'école, acquiesça l'autre.

Alex prit sa décision en deux secondes et il emprunta aussitôt le chemin du secrétariat. Il sortit son cellulaire de son sac, chercha le site Internet de l'école pour y obtenir le numéro de téléphone, puis tapa un texte sur son clavier tout en marchant de plus en plus vite. Il arriva devant le bureau de la direction et poussa la porte.

La secrétaire portait des lunettes si grosses sur son petit nez pincé qu'elles lui donnaient l'air d'une mante religieuse. Elle parlait au téléphone et fit signe à Alex d'attendre. Il avança jusqu'à son bureau et patienta, son regard s'attardant sur l'ordinateur de la secrétaire. Cette dernière consultait des documents tout en donnant des renseignements à son interlocuteur. Après quelques minutes, elle raccrocha.

— Qu'est-ce que je peux faire pour vous? demanda-t-elle en le toisant froidement.

— Est-ce que le directeur est disponible?

— Il ne rencontre pas les élèves, à moins que ceux-ci aient quelque chose d'important à lui dire.

Pendant qu'elle parlait, Alex glissa la main dans sa poche, pressa la touche d'appel sur son cellulaire et activa l'application dont il avait besoin.

Le téléphone du secrétariat sonna et la femme interrompit sa conversation pour répondre.

Son visage se troubla à l'écoute du message automatisé qu'Alex avait programmé. Lorsqu'elle raccrocha, Alex lui demanda si tout allait bien.

— C'est... c'est le service des incendies, bafouilla-t-elle, sous le choc. Ils sont en route afin de venir inspecter notre école. Je n'ai reçu aucun avis à ce sujet.

— Vous devriez allez les accueillir pour savoir ce qui se passe, observa Alex avec sérieux.

— Je n'ai pas d'ordre à recevoir de vous, se reprit-elle en se levant. Allez, dépêchez-vous de vous rendre à votre prochain cours, je dois sortir.

Alex acquiesça, puis fit mine de devoir rattacher ses lacets. Une fois la secrétaire sortie, il passa derrière son bureau sans attendre. Elle avait verrouillé son poste, sauf qu'il l'avait vue entrer son mot de passe pendant qu'elle parlait au téléphone. Ainsi, il accéda au système de l'école, tout en songeant que les gens n'étaient pas suffisamment prudents avec leurs renseignements personnels… et que cela l'arrangeait bien.

Jetant constamment des regards vers la porte, il s'activa jusqu'à ce qu'il réussisse à dénicher son horaire. Rapidement, il en modifia le contenu pour s'attribuer une autre professeure de français.

— Madame Niding, vous êtes maintenant ma nouvelle enseignante, se réjouit-il à voix basse.

Il sauvegarda les modifications et imprima le document. Alors qu'il verrouillait l'ordinateur, la porte s'ouvrit. Alex releva vivement la tête en retenant son souffle.

Une élève se tenait devant lui, l'observant avec méfiance. Elle avait des cheveux noirs légèrement ondulés qui frôlaient ses épaules et des traits fins et délicats. Alex nota tout de suite ses grands yeux bleus. Il ne put s'empêcher de diriger son regard vers l'imprimante, ce dont elle s'aperçut. Il déglutit quand elle saisit la feuille pour la parcourir rapidement.

Alex la rejoignit et lui prit lentement la copie des mains. L'adolescente n'opposa pas de résistance. Elle avait même l'air amusée, comme si elle savait ce qu'il venait de faire et qu'elle s'en fichait.

— Je suis en retard à mon cours, lui dit-il en mettant son nouvel horaire dans son cartable.

La fille fit un pas de côté pour le laisser passer et il sortit.

Pendant la majeure partie de son deuxième cours, Alex repensa à ce qui s'était passé. Il se demanda qui était cette fille…

La réponse ne tarda pas.

Au dîner, à la cafétéria, il allait s'asseoir à une table au hasard avec son plateau lorsqu'il prit conscience qu'elle le fixait. À sa grande surprise, elle lui fit un signe de la main. Alex prit place devant elle, parmi d'autres élèves.

— Alex, c'est ça ? demanda-t-elle en lui adressant un sourire. J'ai lu ton nom sur ton… nouvel horaire.

Il approuva en constatant qu'elle avait une voix aussi jolie que l'étaient ses yeux bleus.

— Moi, c'est Ariane. Laisse-moi te présenter aux autres…

Elle déclina le nom des personnes présentes à la table et ils lui souhaitèrent tous la bienvenue.

— Et voici enfin Calvin, conclut-elle en pointant un garçon qui ressemblait à un mannequin.

Il était grand, avait des cheveux châtains parfaitement coiffés vers l'arrière et un sourire aux dents blanches étincelantes.

Debout, un pied posé sur le banc, il parlait à une fille qui ne cessait de rire trop fort à chacune de ses remarques. Il tourna la tête vers eux quand Ariane l'interpella, salua brièvement Alex et retourna à sa conversation.

Alex passa le reste du dîner à répondre aux questions du groupe qui voulait en savoir plus sur lui. Ariane, quant à elle, ne lui adressa plus la parole du repas. Il comprit, en l'entendant discuter avec les autres, qu'elle était présidente du conseil étudiant. Son bavardage avec la fille à la voix suraiguë terminé, Calvin se joignit à eux.

— Hé, tu es nouveau ici, l'apostropha-t-il d'un ton arrogant qui déplut à Alex. Tu es chanceux d'avoir déjà fait la connaissance d'Ariane. C'est la plus belle fille de l'école.

Il prononça ces mots en passant un bras autour des épaules d'Ariane qui le repoussa doucement, avec un sourire crispé. Calvin ne parut pas s'en offusquer, et il termina son repas. Plusieurs élèves le saluaient en passant ou s'arrêtaient pour lui parler. Il semblait très populaire. Son attitude à la fois prétentieuse et nonchalante en témoignait.

Au son de la cloche, Alex se leva. Contre toute attente, Ariane le retint :

— Calvin fait une soirée chez lui, vendredi. Tu devrais venir.

Alex la toisa du coin de l'œil, sceptique.

— Je sais que Calvin n'est pas spécialement aimable à première vue, admit-elle, mais au fond, il est gentil.

Elle pinça les lèvres en terminant sa phrase. Est-ce qu'elle lui mentait ?

— J'aimerais bien que tu sois là, ajouta-t-elle en plantant son regard dans le sien.

— D'accord.

— Parfait ! Je te donnerai ses coordonnées.

Ariane s'éloigna et Alex resta songeur. De toute évidence, elle savait qu'il avait modifié son horaire en pénétrant dans le système informatique de l'école. En tant que présidente du conseil étudiant, elle aurait dû le dénoncer, ce qu'elle n'avait pas fait. Au contraire, elle l'avait invité dans son groupe sans même le connaître. Pouvait-il lui faire confiance ?

Le reste de la journée se déroula sans anicroche, et c'est avec soulagement qu'Alex entendit sonner la cloche du dernier cours. Il avait donné rendez-vous à son ami Benji au centre-ville et il éprouva une grande joie quand il le vit qui l'attendait sur un banc.

Benji, qu'Alex connaissait depuis le primaire, dégageait une bonne humeur contagieuse. Son surplus de poids et sa tignasse frisée lui attiraient les moqueries de ses camarades d'école lorsqu'il était plus jeune. Alex s'était porté à sa défense, ce qui lui avait valu quelques yeux au beurre noir, mais il ne l'avait jamais regretté, car Benji était devenu un ami fidèle avec qui il adorait passer du temps.

— Comment a été ta première journée ? demanda celui-ci avec enthousiasme une fois qu'il l'eut rejoint.

— Bien. Je m'attendais à pire.

— Juste de porter un uniforme, je détesterais! Tu m'imagines dans ces vêtements? J'aurais l'air ridicule. Est-ce qu'il y a des belles filles, là-bas?

— Oui, une en particulier, lui confia Alex avec un sourire.

— Wouhou! lâcha Benji en faisant quelques pas de danse comiques. Hey, devine quoi! Je vais être DJ au Clandestin dans deux semaines.

Alex le félicita d'une bonne claque dans le dos.

— C'est super!

Benji adorait la musique et rêvait de devenir DJ. Le Clandestin était un endroit où les adolescents se réunissaient pour faire la fête.

— J'espère que ça va bien se passer. Je suis un peu nerveux.

— C'est toi le meilleur, le rassura Alex, et je vais être là pour voir ça, c'est certain.

Benji regarda d'un côté, puis de l'autre, et demanda à voix basse:

— As-tu des nouvelles de ton père?

Benji savait que son ami était un hacker. Alex lui avait même appris à concevoir des virus informatiques.

Alex lui confia sa théorie à propos d'ADNchaos, que Benji écouta attentivement, la perplexité imprimée sur son visage.

— Pourquoi penses-tu que BryanAdams678 est ton père?

— Dans son courriel, il m'a dit de me fier à mes intuitions et de rester à l'affût. Souviens-toi, quand on était plus jeunes, il écoutait toujours du Bryan Adams dans la voiture et faisait exprès pour mettre le volume à fond parce qu'il savait qu'on détestait ça. C'était son chanteur préféré.

— Ah oui, c'était insupportable. Et le 678, tu l'expliques comment ?

— La première chose que mon père m'a apprise avec les ordinateurs, c'est qu'il ne faut jamais donner d'informations personnelles comme notre date de naissance ou notre adresse. Il a toujours utilisé des mots de passe avec une suite aléatoire de trois chiffres. Je suis certain que c'est lui.

Benji se rongeait les ongles en réfléchissant à tout ça.

— Camille m'a dit que ton père ne veut pas que tu le sauves.

« Bien sûr, Benji et Camille continuent d'aller à la même école, alors ils ont dû en parler », pensa Alex. Il était obligé d'être séparé de ses amis en allant dans cette stupide école privée.

— Ses communications doivent être surveillées, rétorqua-t-il, et il n'était quand même pas pour écrire : Alex, au secours !

Benji donna raison à son ami, qui reprit :

— Il m'a laissé des indices, je dois donc agir.

— Si quelqu'un peut le retrouver, c'est bien toi, concéda Benji. À part ton père, je n'ai jamais connu une personne aussi douée que toi en informatique. Si tu as besoin d'aide, fais-moi signe.

— Merci, pour le moment, ça va. Dis-moi plutôt ce que tu prévois faire jouer au Clandestin.

Le regard de Benji s'illumina. Ils discutèrent ainsi en marchant, jusqu'à ce qu'ils arrivent devant le commerce où Benji travaillait à temps partiel : une petite imprimerie de quartier aux vitres sales. Puis Alex prit l'autobus jusque chez lui. En arrivant, il reçut un message texte. C'était Camille :

« Qui est Ariane ? »

Il pouffa de rire et ne fut pas surpris de voir la Vespa rouge de son amie dans l'allée de la maison de sa mère. Quand il entra, il entendit des bruits provenant de la cuisine. Son sac toujours sur l'épaule, il rejoignit Camille qui réchauffait un plat au micro-ondes. Elle avait son cellulaire à la main et devait être en train de texter l'une de ses amies.

— Tu sais qu'il y a un système d'alarme, ici ? rappela-t-il tout en déposant son sac sur une chaise.

— Ta mère utilise les quatre premiers chiffres de son numéro d'assurance sociale et elle cache un double de la clé sous le porche. C'était trop facile, affirma nonchalamment Camille, les yeux toujours rivés sur son téléphone.

Alex renonça à lui demander comment elle avait obtenu ces informations confidentielles, et il s'approcha pour voir ce qui réchauffait.

— Ça sent bon, apprécia-t-il en entendant son estomac gargouiller. Qu'est-ce que c'est ?

— Du macaroni que j'ai apporté de chez moi. C'est pour toi. J'ai pensé que tu n'aurais pas grand-chose de bon à manger ici.

Alex ouvrit le réfrigérateur pour constater qu'il était toujours vide. Le congélateur contenait quelques plats peu appétissants.

— Elle arrive tard, ta mère ?

— D'habitude, je la croise en fin de soirée ou tôt le matin, confirma Alex en retirant le plat du micro-ondes. Elle est constamment en voyage d'affaires, ou elle travaille tard.

Camille n'approuvait pas l'attitude de cette femme.

— Qui est Ariane ? redemanda-t-elle pour changer de sujet.

— Tu dois déjà en savoir plus que moi sur elle, la taquina Alex, en s'attablant devant une généreuse portion de macaroni à la viande qui sentait divinement bon. Je suis quand même curieux d'apprendre comment tu as entendu parler d'elle.

— Elle t'a fait une demande d'amitié sur Facebook, expliqua Camille en le dévisageant.

— Et comment as-tu eu accès à mon compte ?

Elle attendait vraisemblablement cette question, car ses yeux se mirent à pétiller.

— Je vais te montrer, dit-elle en lui tendant son cellulaire.

Alex prit l'appareil recouvert d'un étui protecteur à motifs de fleurs et regarda l'écran. Le front plissé, il se mit à consulter les applications et s'exclama :

— Hey, c'est mon cellulaire !

— Pas exactement. En fait, c'est comme un miroir. J'ai inséré un logiciel espion dans ton cellulaire. Il conserve l'historique de tes actions et les envoie directement sur mon téléphone.

— Brillant ! la complimenta Alex, impressionné.

Les joues de Camille rosirent de plaisir.

— Maintenant, j'ai accès à toutes tes applications, je peux lire tes messages textes et écouter tes conversations téléphoniques. Je peux même activer le micro du téléphone pour entendre ce qui se passe autour de toi.

Alex avala de travers.

— Vraiment ?

— Oui, sauf que souvent, parce que ton cellulaire est dans une poche, le son n'est pas clair, expliqua-t-elle en faisant la moue.

— Tu m'espionnes depuis combien de temps ?

— Une semaine.

Alex s'étouffa pour de bon et Camille lui donna une tape dans le dos en le rassurant :

— Ne t'inquiète pas, c'était assez ennuyant de t'épier. Tu n'es pas un sujet passionnant.

— Très drôle. Je veux que tu arrêtes ça.

Camille posa une main sur son cœur, un sourire espiègle aux lèvres.

— Promis.

Alex leva les yeux au ciel, peu convaincu, et son amie prit place à ses côtés.

— Et puis, comment s'est passée ta journée?

Alex entreprit de tout lui raconter et Camille secoua la tête avec un air faussement découragé quand il lui confia comment il avait modifié son horaire. Puis, elle l'interrompit pour lui faire un résumé de ce qu'elle avait déniché sur Ariane.

— Elle est une des meilleures élèves de l'école, elle fait du bénévolat et… elle est plutôt jolie, ajouta-t-elle en haussant un sourcil pour montrer qu'elle n'était pas dupe. Ses parents sont chercheurs dans le domaine pharmaceutique. Elle est arrivée à cette école en septembre il y a deux ans, et elle est sortie quelque temps avec un certain Calvin Adams…

— Quoi?

— Son chum était Calvin Adams, répéta-t-elle. Tu l'as rencontré?

Alex résuma son dîner, insistant sur l'attitude hautaine de Calvin.

— Veux-tu que je fasse des recherches sur lui? lui proposa spontanément Camille.

— Non, répondit Alex en riant, ce ne sera pas nécessaire.

— Comme tu veux. Bon, je dois y aller, j'ai des tonnes de devoirs.

Il se leva pour la serrer très fort.

— Merci d'être passée, murmura-t-il dans ses cheveux.

Elle l'embrassa sur la joue et se dirigea vers l'entrée pour prendre son manteau.

— Tu comptes espionner le cellulaire de qui, à présent ? demanda-t-il en la suivant.

— Tu te souviens de mon amie Léa ?

— Vaguement... Celle qui a des cheveux frisés roux ?

Elle avait tellement d'amies qu'Alex en perdait le compte et les confondait toutes.

— Ils sont noirs, le reprit Camille, vexée. Elle croit que son copain la trompe et comme elle n'a pas de preuves, je vais lui en fournir.

Alex parut contrarié.

— Tu ne pourrais pas utiliser ton logiciel pour autre chose ?

— Je déteste le mensonge. Ah, et en passant, tu diras à Benji qu'il n'a aucune chance avec Olivia, elle n'est pas du tout intéressée.

— Veux-tu bien cesser d'écouter mes conversations téléphoniques ! protesta-t-il en lançant sa fourchette dans sa direction.

Camille se sauva en évitant le projectile et il l'entendit rire avant qu'elle ne referme la porte derrière elle.

Pendant qu'il terminait son macaroni en silence, le souvenir de sa première rencontre avec Camille lui revint en tête.

C'était sa première journée au secondaire. Il l'avait tout de suite remarquée, comme la plupart des autres garçons d'ailleurs, mais pas pour les mêmes raisons. Montant l'escalier devant lui, elle avait trébuché sur une marche. Au lieu de faire comme si de rien n'était ou d'en être embarrassée, elle avait éclaté de rire et avait accepté la main d'Alex qui voulait l'aider à se relever.

Plus tard ce jour-là, il était repassé à côté d'elle pendant un cours, et avait vu une inscription griffonnée sur son coffre à crayons : BaconImpact. Il avait sursauté en reconnaissant le nom du groupe de pirates informatiques dont il faisait lui-même partie. Il n'en revenait pas ! Quelles étaient les chances de rencontrer quelqu'un de son âge, dans la même école, qui avait la même passion que lui ?

Le soir venu, il se brancha sur le salon de clavardage du groupe avec son surnom, Chip, et tenta de la repérer. Les membres utilisaient des pseudonymes et donnaient peu d'informations personnelles, ça n'allait donc pas être facile. Une personne appelée Caméléon attira pourtant son attention. Cette fille se spécialisait dans l'espionnage et la surveillance. Alex clavarda avec elle. S'il ignorait son identité, il s'avérait que Caméléon était drôle, vive d'esprit et Alex passait d'agréables moments à discuter avec elle.

Dans les jours qui suivirent, pendant un cours de mathématiques où la jolie blonde était assise à côté de lui, il se connecta au groupe BaconImpact avec son cellulaire et envoya un message à Caméléon :

« Regarde à ta droite. »

Le cellulaire de Camille vibra et elle le sortit subtilement de son sac pour y jeter un coup d'œil. Elle sourit en voyant s'afficher le pseudonyme de celui avec qui elle avait discuté la veille, puis elle fronça les sourcils en lisant son message. Elle tourna de grands yeux stupéfaits vers Alex et laissa échapper une exclamation de surprise. Le professeur la ramena aussitôt à l'ordre. Elle s'excusa et, avant que l'enseignant reprenne son cours, elle chuchota, les yeux brillants :

— Tu es Chip ? Comment est-ce possible ?

— Je sais, je me suis dit la même chose !

Le professeur les invita ensuite à faire un travail en équipe, et Camille avança aussitôt sa chaise vers son bureau. Ils discutèrent tout le reste du cours. Elle jouait dans l'équipe de volleyball de l'école, tandis que lui allait souvent faire de la planche à neige avec Benji et son père pendant l'hiver.

À partir de cet instant, ils devinrent inséparables.

Un mois plus tard, alors qu'ils regardaient un film, bien installés sur le divan, Alex s'était tourné vers Camille, et ils s'étaient embrassés.

Alex avait ressenti la chaleur des lèvres de Camille contre les siennes et il avait enfoui ses mains dans ses cheveux doux qui sentaient les fleurs. Puis, à contrecœur, il s'était reculé. Son amie attendait, silencieuse, espérant qu'il se décide à parler ou à faire un geste.

— Camille…

Elle s'était mordu la lèvre inférieure en devinant ce qui allait suivre. Il aurait voulu lui dire qu'elle était spéciale et… parfaite pour lui. Mais ils étaient encore si jeunes. Il était hors de question de gâcher leur relation. Elle était trop importante à ses yeux. Il préférait l'avoir comme amie, plutôt qu'ils forment un couple et qu'ils finissent par se laisser, comme tous les adolescents qu'il voyait autour de lui.

Il lui avait donc expliqué tout cela, avec des mots maladroits qui avaient de la difficulté à refléter ses pensées.

D'abord silencieuse, Camille avait ensuite approché ses lèvres de nouveau et l'avait embrassé comme si elle voulait se rappeler chaque détail avec précision. Puis, elle s'était levée.

— Un jour, avait-elle murmuré avant de sortir de la pièce sans un regard derrière elle.

Le film déroulait son générique de fin.

Alex resta là longtemps, à se demander s'il ne venait pas de commettre une erreur.

Les jours suivants le rassurèrent, puisque Camille restait la même.

Ils étaient amis.

Alex se rendit à sa chambre en repensant à ce que Camille lui avait appris à propos d'Ariane. Il chassa tout ça de ses pensées pour ouvrir son ordinateur et continuer ses recherches sur le groupe ADNchaos. Devant son écran, il ne vit pas le temps passer, et c'est avec les yeux irrités qu'il se mit au lit quelques heures plus tard, une chanson de Bryan Adams en tête.

3

Entre ses devoirs et ses recherches pour retracer son père, la semaine d'Alex passa à toute vitesse. Il ne dormait que quelques heures par nuit et avait du mal à rester éveillé pendant ses cours. Heureusement, il n'avait pas de difficulté à l'école, sauf en français où toutes les règles de grammaire se confondaient dans son esprit. Sa nouvelle enseignante était beaucoup plus sympathique que la première, et il se félicitait intérieurement d'avoir trafiqué son horaire.

Ariane l'avait invité à dîner à sa table tous les autres jours de la semaine, ce qui lui avait donné l'occasion de faire plus ample connaissance avec d'autres élèves. Alex s'ennuyait de ses amis de son ancienne école, surtout de Camille et de Benji, qu'il voyait moins depuis son déménagement.

S'il réussissait à sortir son père des griffes d'ADNchaos, il pourrait de nouveau vivre avec lui.

Il retournerait à son ancienne école et reprendrait sa vie comme avant. Il serait vite parti d'ici.

Par contre, il aimait bien la compagnie d'Ariane. Elle était vive d'esprit et dégageait une assurance qui le fascinait. Contrairement à Camille, qui faisait souvent des pitreries et ne se prenait pas au sérieux, Ariane avait une certaine retenue qui lui conférait un côté mystérieux. Elle l'intriguait. Elle lui avait dit qu'elle était contente qu'il vienne à la soirée de Calvin.

Le vendredi venu, il sonna à la porte d'une maison aussi grande et majestueuse qu'un château. Cela changeait des soirées qu'il passait au Clandestin, un entrepôt désaffecté qui appartenait au père d'un de ses amis et où les adolescents allaient pour s'amuser.

Ce fut Ariane qui vint lui répondre. Il était tellement habitué à la voir en uniforme scolaire qu'il s'étonna de sa jolie robe noire. Elle était très belle.

— Ah, c'est toi ! s'exclama-t-elle, manifestant un soulagement évident qui piqua sa curiosité. Tu es en retard. Viens.

Elle lui prit le bras et l'entraîna à sa suite. Il y avait déjà beaucoup de jeunes éparpillés en petits groupes dans la maison ; ils parlaient fort entre eux pour s'entendre malgré la musique. Ariane emprunta un escalier qui menait au sous-sol et le fit entrer dans une grande pièce où s'étaient rassemblés une dizaine d'invités. Calvin était parmi eux, à côté du bar, un verre d'alcool à la main. Il était entouré par quelques filles qui l'écoutaient monologuer en gloussant. Calvin salua Alex, puis saisit l'une d'elles par la taille pour l'approcher de lui.

Alex jeta un coup d'œil à Ariane pour observer sa réaction. Celle-ci ne parut pas s'en soucier. Elle était passée devant la table de billard sans prêter aucune attention à la partie. Elle fit signe à Alex de la suivre et ils rejoignirent un groupe formant un demi-cercle. Alex, qui dépassait les autres d'une tête, vit tout de suite ce que les invités observaient en discutant avec animation. Maxime, un garçon qu'Alex avait vu à l'école, était assis devant un ordinateur et pianotait fiévreusement sur le clavier.

— Que se passe-t-il? demanda Alex à l'oreille d'Ariane.

— Maxime a réussi à pirater le site Internet de l'école, murmura-t-elle. Il tente d'accéder aux réponses du prochain examen de mathématiques.

Alex, déconcerté, l'examina. À son regard, il comprit qu'elle n'approuvait pas la tricherie quoique, chose surprenante, elle n'intervenait pas.

Il se rapprocha et constata tout de suite que la technique de Maxime laissait à désirer. Un amateur, de toute évidence.

Pour Alex, il existait deux types de hackers : ceux qui savaient comment pénétrer dans un réseau sans laisser d'empreintes, et les autres, comme Maxime, qui se contentaient de copier un programme sans savoir ce qu'ils faisaient vraiment. Dans le groupe de BaconImpact, ils les appelaient des *script kiddies*.

Maxime n'avait pas protégé son intrusion. Non seulement quelqu'un à l'école allait se rendre compte rapidement de ce qui arrivait, mais il pourrait remonter facilement jusqu'à l'adresse IP de l'ordinateur. Calvin risquait fort d'être accusé du délit.

Le garçon continuait sans se soucier des conséquences, encouragé par les exclamations enthousiastes de son public.

Alex réfléchit à la manière dont il aurait procédé pour accéder aux réponses de l'examen. Toutes les étapes défilaient dans sa tête. Or, Maxime s'approchait de plus en plus du point de non-retour qui allait probablement transformer Calvin en coupable.

Les doigts d'Alex commencèrent à s'agiter, comme s'ils s'activaient sur un clavier imaginaire. La voix de Camille résonna dans sa tête: «Ne te mêle pas de ça. Ça n'en vaut pas la peine.»

Il aurait dû s'éloigner et aller jouer une partie de billard. Pourtant il restait là, rivé à l'écran.

Les ordinateurs étaient sa passion… et sa faiblesse. S'il avait un défi sous les yeux, il devait le relever. C'était plus fort que lui et c'était aussi pour cette raison qu'il avait perdu son père.

Cette fois, c'était différent. Ce n'était pas aussi dangereux…

Les mots sortirent de sa bouche avant qu'il ne puisse les retenir:

— Tu vas te faire prendre si tu continues.

Maxime leva la tête vers Alex, à la fois décontenancé et vexé. Seul le son étouffé de la musique au rez-de-chaussée se faisait entendre. Tous les autres le dévisagèrent aussi, attendant qu'il s'explique.

Il hésita, conscient que c'était sa dernière chance de faire marche arrière. Au lieu de cela, il s'entendit dire :

— Tu n'as pas protégé ton intrusion et l'école va bientôt recevoir un message disant qu'un hacker est entré dans leur réseau.

Alex pointa une ligne de texte dans le haut de l'écran.

— Le codage que tu as utilisé ne cache pas ton identité. Ils vont savoir de quel ordinateur provient l'intrusion.

Les élèves se raidirent. Ils ne voulaient pas se retrouver impliqués dans un scandale de tricherie. Leurs parents occupaient, pour la plupart, des postes importants et avaient une image à préserver. Maxime n'osait plus continuer.

Ariane se tourna vers Alex :

— Tu pourrais le faire ?

Alex hocha la tête.

— Laisse-lui ta place, ordonna-t-elle à Maxime.

Alex réalisa l'influence qu'avait Ariane sur les autres quand Maxime se leva sans protester pour le laisser s'asseoir. Après une grande inspiration, Alex s'installa et dès que ses doigts effleurèrent les touches du clavier, il sentit l'adrénaline parcourir son corps. Il éprouvait toujours la même sensation quand il s'apprêtait à pirater un système informatique.

D'abord, il remonta les étapes franchies par Maxime une à une et effaça les traces de son passage. Habituellement, il se servait de logiciels qui le rendaient indétectable. Il dénichait ces programmes sur le «web invisible», une section d'Internet où l'on pouvait garder l'anonymat en tout temps. Ce soir, il était hors de question qu'il s'exécute ainsi sous les yeux de ce public. En conséquence, il eut recours à une autre méthode et bombarda le site de l'école avec des centaines d'adresses IP différentes. Pendant quelques minutes, les serveurs ne sauraient plus où donner de la tête, et c'était le temps dont Alex avait besoin pour se promener à sa guise sans être repéré.

Il se servit d'une partie du script de Maxime pour contrer les mots de passe et avança plus profondément dans les dédales secrets du site.

Une partie de son cerveau nota de nouveau le silence ambiant. Même ceux qui jouaient au billard avaient interrompu leur partie pour venir voir ce qui se passait. Tout le monde l'entourait. Ariane était maintenant si près de lui qu'il sentait le tissu de sa robe contre son bras.

Alex avait localisé la section qu'il cherchait. Il savait que les réponses à tous les examens seraient bientôt là, sous ses yeux, et il commençait déjà à regretter son geste. Il venait de se compromettre devant plusieurs élèves de son école. Il se mordit les lèvres tout en accédant au fichier désiré.

— Voilà, annonça-t-il lorsque le titre *Examen de mathématiques – Secondaire 5* s'afficha à l'écran.

Les autres se mirent à pousser des exclamations de joie. Alex sauvegarda le fichier, sortit du site, se leva et les laissa imprimer le document à leur guise.

Deux filles le félicitèrent avec un regard pétillant et plusieurs garçons lui donnèrent une tape dans le dos lorsqu'il passa à côté d'eux. Maxime, lui, boudait dans son coin.

— Je n'ai pas fait grand-chose de plus, marmonna Alex en essayant de minimiser la situation. J'ai juste ajouté une clé de protection à la technique de Maxime. On peut obtenir ça n'importe où sur Internet, ce n'est vraiment rien de grandiose.

Ariane leva un sourcil, lui signifiant qu'elle n'était pas dupe.

Calvin surgit devant lui et lui donna une poignée de main.

— Félicitations, c'était impressionnant.

— Merci.

Ariane lui indiqua d'un signe discret une porte au fond de la pièce, qu'Alex n'avait pas encore remarquée.

— Tu es doué avec les ordinateurs ! insista Calvin en lui bloquant le chemin. Que sais-tu faire d'autre ?

— Pas grand-chose… Excuse-moi, je dois y aller.

Alex le planta là et rejoignit Ariane de l'autre côté de la porte, dans une vaste cave à vin. Lui tournant le dos, elle regardait, les bras croisés sur sa poitrine, les bouteilles pleines de liquide rouge vermillon qui luisaient dans la pénombre.

Alex s'arrêta tout près d'elle.

Quand elle fit demi-tour, son sourire irradiait.

— Je voulais m'éloigner un peu de ton fan-club.

Alex eut une moue dubitative.

— Ne fais pas semblant de n'avoir rien remarqué. Les filles ne parlent que de toi depuis ton arrivée à l'école.

— Ah bon…

Il n'avait rien vu de tout ça, trop préoccupé par son père et tous les changements dans sa vie.

— J'ai bien aimé t'observer avec cet ordinateur, ajouta-t-elle en s'approchant, leurs corps se touchant presque.

— Ce n'était pas…

Elle l'arrêta en levant un doigt.

— Je sais ce que j'ai vu et tu as du talent. Je l'avais déjà compris au secrétariat. Tu es un hacker.

Alex prit soudain conscience qu'Ariane était encore plus rusée qu'il ne le pensait et qu'il devrait peut-être s'en méfier. Son parfum lui embrouillait l'esprit. Elle restait là, l'hypnotisant avec son regard bleu électrique. Il cligna des yeux et balbutia :

— Je crois que je vais y aller.

Elle afficha un air dérouté pendant une fraction de seconde, avant de se reprendre rapidement.

— Très bien, fit-elle plus froidement, sans toutefois perdre son sourire.

Il quitta la pièce, salua brièvement Calvin et continua son chemin.

Il savait qu'Ariane aurait voulu qu'il l'embrasse. Elle devait être habituée d'obtenir ce qu'elle désirait et il ne tenait pas à être un vulgaire trophée.

En enfourchant son vélo, il ressentit un certain malaise. Ariane savait donc qu'il s'adonnait au piratage informatique…

Alors qu'il s'apprêtait à remonter la rue d'un coup de pédales, il leva la tête. Ariane et Calvin étaient maintenant dans une pièce à l'étage, et discutaient devant la fenêtre. Alex les épia quelques instants. Calvin reculait en agitant les mains comme s'il voulait qu'Ariane se taise, et celle-ci parlait rapidement. Après une minute de ce manège, Calvin secoua la tête et sortit, la laissant seule. Alex se mit en route pour ne pas qu'elle le voie. Ces images lui trottèrent dans la tête jusqu'à son retour chez lui.

Une fois dans sa chambre, il s'installa devant son écran et les visages d'Ariane et de Calvin se dissipèrent.

Il se brancha sur le web invisible et continua ses investigations sur ADNchaos. Avec l'Internet « normal », il n'aurait pas mis la main sur beaucoup d'informations utiles, car en fait, 90 % du Net reste caché au commun des mortels. Dans cette partie dissimulée, on peut trouver à peu près tout ce que l'on cherche… quand on sait comment s'y prendre, bien entendu. C'est là que les pirates peuvent échanger de façon anonyme. De plus, les moteurs de recherche comme Google n'existent pas et ne peuvent donc ni bloquer ni dénoncer les utilisateurs. Alex s'y sentait en sécurité. Ses semblables ne le connaissaient que sous le surnom de Chip, et ils ne savaient presque rien de lui.

Il regarda si Caméléon était en ligne. Ce n'était pas le cas.

Alex relut, pour la centième fois, le courriel que son père lui avait envoyé, essayant de déceler un indice qui aurait pu lui échapper, en vain. Il aurait tellement aimé avoir des nouvelles de lui, savoir s'il allait bien, s'il était bien traité.

Il se réveilla au milieu de la nuit, ne sachant plus où il était, jusqu'à ce qu'il comprenne qu'il s'était endormi devant son ordinateur. Il se glissa sous ses couvertures et s'endormit aussitôt.

4

Un bruit de casseroles qui s'entrechoquent réveilla Alex. Il grogna en enfouissant son visage dans son oreiller.

Quelques minutes plus tard, des coups discrets se firent entendre contre la porte de sa chambre.

— Alex, appela tout bas sa mère en passant sa tête dans l'embrasure, tu veux déjeuner ? J'ai fait des crêpes.

Il regarda l'heure affichée sur son cadran : 7 h 00. Il aurait tout donné pour rester couché, seulement il ne voulait pas vexer sa mère qui préparait à déjeuner pour la première fois depuis des semaines. D'une voix d'outre-tombe, il accepta.

— Merveilleux, je t'attends en bas.

Les cheveux châtains d'Alex pointaient dans tous les sens lorsqu'il s'attabla devant son assiette dégoulinante de sirop d'érable. L'œil vitreux, il attrapa sa fourchette et mangea avec appétit. Sa mère s'assit à son tour. Même la fin de semaine, elle portait un tailleur parfaitement ajusté et ses cheveux blonds étaient remontés en un chignon serré. Elle tritura ses mains aux ongles manucurés en observant son fils dont elle ne savait à peu près rien.

— Comment s'est déroulée ta semaine à l'école ? s'informa-t-elle avec un sourire un peu figé, tentant un rapprochement.

— Bien, résuma-t-il en prenant une autre bouchée.

— T'es-tu fait des amis ?

— Quelques-uns.

— Je connais plusieurs parents dont les enfants fréquentent cette école. Ils m'ont tous assuré que c'était un excellent établissement pour accéder aux meilleures universités.

— Ah…, répondit-il, peu impressionné.

— Je n'ai pas eu de message de David depuis longtemps, enchaîna sa mère d'un ton plus sec, en croisant les bras. J'imagine qu'il ne croit pas prioritaire de donner signe de vie à son fils.

Alex se mordit la langue et grimaça. David avait envoyé un bref courriel à Madeleine, lui expliquant qu'il devait partir dans un autre pays pour le travail. Depuis, plus de signe de lui.

— Il doit être occupé. Il t'a dit qu'il serait injoignable pour un certain temps.

— De nos jours, c'est presque impossible d'être injoignable, réfuta-t-elle.

Alex détestait que sa mère pense du mal de son père, qu'il adorait. Cependant, pouvait-il le défendre sans avouer toute la vérité?

Le cellulaire d'Alex sonna. Le nom de Camille apparut à l'écran avec le message suivant: «Je dois te parler. Tu viens chez moi?»

«J'arrive», écrivit-il, soulagé de pouvoir échapper à la conversation en cours.

— Camille m'a invité chez elle, je vais y aller, d'accord? demanda-t-il en se levant.

Sa mère parut désappointée, mais accepta tout de même.

Alex enfila son manteau et sortit. L'air frais l'obligea à enfoncer son nez dans son col pendant qu'il attendait l'autobus. Ses souliers crissaient sur le frimas qui recouvrait le sol. Le ciel était d'un bleu opalin sans aucun nuage. Quelques personnes avaient déjà commencé à installer leurs décorations de Noël.

Durant le trajet, il posa sa tête contre le dossier du banc et somnola.

Quand il sonna à sa porte, Camille lui ouvrit avec un grand sourire. Elle portait un legging noir avec un long chandail blanc et des bas de laine bleu poudre.

— Tu veux un *smoothie*? offrit-elle en lui tendant un verre rempli d'une mixture verte.

— Euh, non merci.

Ses parents, tous deux assis au salon, le saluèrent chaleureusement.

Camille habitait un jumelé d'une rue très passante et, de son salon, on pouvait entendre le vrombissement des voitures et les cris des passants. Par contre, sa chambre était située à l'étage et donnait sur une ruelle tranquille où un grand arbre poussait devant sa fenêtre. C'était une grande pièce bien décorée, avec un coin bureau où trônait un ordinateur portable dont le fini blanc lustré rappelait celui d'une voiture. Son amie avait mis des guirlandes de petites lumières blanches au-dessus de son lit, qui les plongeaient dans une atmosphère feutrée. Camille était fière d'être membre de l'équipe de volleyball de son école et plusieurs trophées gagnés avec les filles étaient posés sur sa commode, à côté d'une boîte à bijoux.

Alex s'assit sur le lit de son amie, ses longues jambes dépassant le rebord de la couette.

— Qu'est-ce qui se passe? lui demanda-t-il en jouant avec le coin d'un oreiller en forme de cœur.

Camille avait un air énigmatique en refermant la porte.

— Laisse-moi deviner, continua-t-il. Tu as espionné le chum de ton amie et tu as découvert qu'il est en réalité un agent secret qui se fait passer pour un étudiant afin d'infiltrer l'école.

Camille lui jeta un regard torve, incapable pourtant de s'empêcher de pouffer de rire.

— Ne sois pas stupide. En fait, je m'ennuyais, alors j'ai fait des recherches sur ton ami Calvin.

— Ce n'est pas vraiment mon ami…

— Tant mieux.

Alex la fixa, surpris par son ton abrupt.

— Il n'est pas très recommandable, poursuivit-elle en s'assoyant sur sa chaise de bureau. Son père, Allan Michael, est le président de la compagnie EXO.

— Ça me dit quelque chose. C'est une compagnie d'investissement immobilier, non ?

Camille se mit à jouer avec une de ses mèches blondes.

— Exact. Ils ont des actifs partout dans le monde. Ils exportent aussi du pétrole, et surtout, ils sont reconnus pour être parmi les plus grands bandits à cravate de l'histoire. La police a beau tenter de les arrêter, ils réussissent toujours à la déjouer. Ils fondent des sociétés-écrans afin de blanchir d'énormes sommes d'argent. EXO est devenu l'un des groupes les plus fortunés du pays.

Alex, qui n'appréciait pas trop Calvin, hésitait pourtant à le qualifier de bandit.

— C'est son père qui est malhonnête, fit-il remarquer, pas lui.

Camille lui tendit un paquet de feuilles qu'il saisit d'une main.

— Calvin est au courant des activités de son cher papa et il va bientôt rejoindre les rangs d'EXO.

Alex consulta les documents et se redressa, éberlué, en comprenant de quoi il s'agissait. Il avait entre les mains des échanges de courriels hautement confidentiels entre le père de Calvin et ses associés d'EXO.

— Comment as-tu obtenu tout ça ?

— Tu te souviens du logiciel d'espionnage que tu as inventé ?

Alex resta muet, essayant de comprendre. Quelques mois plus tôt, il avait fabriqué avec son père une puce qui pouvait localiser les ordinateurs connectés à Internet dans un rayon d'une centaine de mètres. Le logiciel intégré dans la puce accédait ensuite à l'ordinateur en envoyant un signal qui passait pour un antivirus. Alex avait alors accès à tout son contenu.

Il avait inséré le programme dans son cellulaire afin de l'avoir partout avec lui. Puisqu'il ne s'en était pas servi depuis un bon bout de temps, il se demandait bien comment Camille avait pu l'utiliser.

Comme si elle lisait dans ses pensées, elle lui confia fièrement :

— Tu sais que j'ai réussi à pirater ton cellulaire. J'ai activé le logiciel à distance hier, quand tu étais chez Calvin. J'ai pu avoir accès aux trois ordinateurs de la maison.

Camille le considéra avec sérieux.

— J'ai aussi assisté en direct à ton exploit. Tu as maintenant les réponses du prochain examen de mathématiques…

Alex baissa la tête, honteux.

— Je ne les ai même pas conservées.

— Tu sais que ton père aurait désapprouvé ce que tu as fait.

Ses mots atteignirent Alex de plein fouet. Il sentit la culpabilité lui tirailler l'estomac.

— OK, je n'aurais pas dû. Je ne sais pas ce qui m'a pris… sauf que là, j'aimerais vraiment que tu cesses de m'espionner.

Camille s'adoucit quelque peu et opina de la tête. Elle voulait seulement s'assurer qu'il ne recommence pas. Elle le connaissait tellement bien. Si Alex prenait place devant un ordinateur, il devait percer ses mystères. Impossible pour lui de résister à cette impulsion.

Elle s'assit à ses côtés.

— L'important, c'est le contenu de ces documents. Ils prouvent que le père de Calvin veut impliquer son fils dans les magouilles de son entreprise. Il prévoit le faire travailler. Le hic, c'est que ses associés ne sont pas d'accord ; eux le croient trop jeune. Allan veut surtout leur prouver que son fils serait le candidat idéal pour lui succéder.

— Comment va-t-il faire ça ?

— Aucune idée. J'imagine qu'il va lui demander d'effectuer une tâche, mais laquelle ?

— C'est très intéressant tout ça, seulement ce ne sont pas nos affaires. De toute façon, je vais bientôt retrouver mon père et je partirai de cette école, loin de Calvin et de ses problèmes.

Camille secoua la tête, peu convaincue.

— As-tu appris quelque chose de nouveau sur ton père ?

— Non, les activités d'ADNchaos ont diminué. Ce qui veut probablement dire…

— … qu'ils préparent un gros coup, termina-t-elle.

— C'est tellement frustrant de ne pas pouvoir les localiser !

Dans son énervement, Alex tapa du poing sur son genou.

Les joues de Camille rosirent et elle hocha la tête en se levant précipitamment. Lui tournant le dos, elle commença à faire du rangement sur son bureau. Elle brassait des papiers et s'emparait d'objets qu'elle remettait exactement au même endroit.

Alex observa son manège d'un œil soupçonneux.

— Camille… regarde-moi.

Elle tourna des yeux faussement étonnés vers lui.

— Qu'est-ce que tu me caches ?

— Rien…

Il avait décelé la panique au fond de ses prunelles. Il sentait que c'était grave.

— On s'est juré de toujours tout se dire. Que se passe-t-il ?

Elle ouvrit la bouche, mais aucun son n'en sortit. Alex lui tendit la main et elle s'approcha lentement. Il la fit asseoir à côté de lui et attendit qu'elle parle. Prenant une grande inspiration, elle se lança:

— Heu... Quand ton père est parti en voiture avec les deux hommes d'ADNchaos, j'ai pris une photo de leur plaque d'immatriculation.

— Parfait, ça va nous aider.

Il ne comprenait pas pourquoi elle ne l'avait pas informé plus tôt. Toutefois, il se tut, ne voulant pas la brusquer.

— Le jour suivant, j'ai fait des recherches sur cette voiture et je suis parvenue à la localiser.

À la pâleur du visage de son amie, Alex devina qu'il n'aimerait pas ce qu'il allait apprendre.

Elle prit son portable et ouvrit un fichier qu'elle lui montra.

— La voiture n'a pas été difficile à retrouver. Elle a été enregistrée au port le lendemain matin et embarquée sur un navire de livraison. Trois passagers ont aussi été inscrits en même temps.

— C'est une bonne nouvelle! se réjouit Alex en prenant l'ordinateur pour consulter la carte d'embarquement que Camille avait obtenue. Ça va être beaucoup plus facile de les retracer.

— Euh... non. C'est justement ça le problème.

Elle fit défiler le document jusqu'au bas et lui montra la destination du bateau.

Lorsqu'il lut le nom du pays, Alex vit tous ses espoirs se briser.

— La Russie ! souffla-t-il d'une voix éteinte.

Jamais il n'aurait imaginé que son père avait été emmené si loin. Il se sentit soudain très seul.

— Je ne te l'ai pas dit sur le coup parce que je ne voulais pas te décourager. Avec tout ce que tu vivais, le déménagement et tout le reste… Sauf que rien n'est perdu. On peut encore essayer de parler à ce gars qui travaille pour ADNchaos. Et on n'est pas certain que ton père a pris ce bateau pour la Russie.

Camille était surprise de s'entendre prononcer ces mots. Elle n'approuvait pas la mission qu'Alex s'était donnée, mais elle ne pouvait supporter de le voir malheureux.

Alex songea encore au prix que demandait la taupe. De quelle façon réussirait-il à obtenir une telle somme d'argent ? Il sentit le désespoir le gagner. Ses mains étaient posées sur ses genoux, ses paumes tournées vers le ciel et il crispait ses doigts comme s'il tentait d'attraper une idée qui se dérobait à lui. Il avait bêtement imaginé que son père se trouvait encore au pays, pas très loin, et qu'il pourrait le revoir facilement.

Sentant sa détresse, Camille prit la tête de son ami entre ses mains. Ses yeux brillaient comme deux diamants noirs au milieu de son visage pâle.

— Je te promets qu'on va le retrouver, d'accord ? Il est temps de s'attaquer à plus gros que nous.

Elle attendit jusqu'à ce qu'il acquiesce, puis elle lui tendit l'ordinateur.

— Montre-moi tout ce que tu as appris sur ADNchaos jusqu'à présent.

5

Alex trouvait la semaine longue à l'école sans ses amis ; il avait tellement hâte au vendredi ! Sa mère était en voyage d'affaires pour quelques jours. Elle lui avait acheté des plats congelés et avait affiché quelques numéros de téléphone où il pouvait la joindre sur le réfrigérateur. Bien que cela lui laissât tout le temps voulu pour ses recherches, ses soirées n'en étaient pas moins interminables et silencieuses. Il s'ennuyait de son père, qui préparait le repas pendant que lui faisait ses devoirs. Souvent, ils passaient plus de temps à jaser qu'à accomplir leurs tâches respectives. Le souper goûtait parfois un peu le brûlé. Tant pis, ils s'en fichaient.

Ils avaient projeté un voyage de planche à neige cet hiver, et Alex ne cessait d'y repenser avec amertume. Dévaler les pentes de ski en sentant le vent lui piquer les joues lui paraissait presque aussi grisant que de pirater un ordinateur. Son père l'avait initié tôt à ce sport et il l'amenait souvent avec Benji. D'habitude, Alex attendait la neige avec impatience. Pas cette fois-ci.

À l'école, il appréciait la compagnie d'Ariane, même s'il la trouvait parfois étrange depuis la soirée chez Calvin. À deux reprises, il l'avait surprise dans les corridors en train de discuter avec lui et ils se taisaient dès qu'ils l'apercevaient.

Le jeudi, pendant l'heure du dîner, Calvin vint le rejoindre et lui dit précipitamment qu'il voulait lui parler en privé. Alex le suivit jusqu'aux casiers tout en notant qu'il semblait nerveux.

— J'ai un service à te demander, lui confia-t-il d'un ton si bas qu'Alex eut de la difficulté à l'entendre.

Une élève passa près d'eux et salua Calvin. Ce dernier parut agacé par ce dérangement. Puis, un groupe de garçons l'interpellèrent à leur tour.

— Je crois que ce n'est pas le meilleur endroit pour discuter, finalement. Es-tu libre demain soir ?

Alex resta perplexe. Qu'est-ce que Calvin mijotait ? Il voulait probablement lui parler d'Ariane… Sauf qu'Alex se fichait bien de ses états d'âme, et il n'allait pas s'empêcher de voir une fille parce qu'un gars le lui ordonnait.

— Je ne peux pas, je vais au Clandestin. J'ai un ami qui va mixer là-bas.

Calvin, qui n'avait visiblement pas l'habitude qu'on lui refuse quoi que ce soit, sembla contrarié. Il se reprit rapidement.

— J'ai déjà entendu parler de cet endroit. Je pourrais y aller aussi, comme ça on aurait du temps pour parler.

Alex n'était pas enthousiaste à cette idée.

— Salut ! lança une voix derrière eux.

Ariane s'avançait en souriant.

— De quoi parlez-vous ?

— Alex m'a invité au Clandestin demain, répondit Calvin en retrouvant son air charmeur.

— Ah oui ! Tu m'as parlé de cet endroit l'autre jour, s'exclama Ariane en se tournant vers Alex. J'aimerais bien y aller aussi. Est-ce que je peux me joindre à vous ?

Alex, stupéfait, prit un moment avant de répondre d'un ton peu convaincu :

— Je… euh, oui… pourquoi pas.

Calvin se contenta d'acquiescer avant de partir d'un pas rapide. Le revirement de situation ne lui plaisait peut-être pas.

— J'ai bien hâte à demain, lui dit Ariane en le fixant de ses magnifiques yeux bleus.

— Oui, moi aussi…

Alors qu'elle s'éloignait, il soupira, tentant de comprendre ce qui venait de se passer.

Toute la semaine, il avait eu hâte à vendredi. Là, il n'en était plus certain.

À son arrivée au Clandestin, Alex ressentit une pointe de mélancolie en apercevant tous les visages familiers qu'il n'avait pas revus depuis son changement d'école. Les adolescents parlaient fort devant la porte de l'établissement, ils riaient ou se murmuraient des potins à l'oreille, leur souffle produisant des nuages de vapeur dans l'air frais de la soirée. Plusieurs s'exclamèrent en le voyant et lui demandèrent de ses nouvelles. Il répondit aux questions pendant quelques minutes avant d'entrer dans le vieil entrepôt. L'intérieur était sombre. Le plafond était très haut et une mezzanine, accessible par un escalier en métal, faisait le tour de l'étage. Il y avait du monde partout. La musique jouait à tue-tête et les gens se déhanchaient sur la piste de danse.

Installé sur un podium, en partie dissimulé par quatre énormes haut-parleurs, Benji s'activait sur son ordinateur et ses tables tournantes. Sa tête marquait le rythme et il affichait un large sourire, les écouteurs sur les oreilles. Alex alla à sa rencontre et Benji ne cacha pas son enthousiasme en le voyant.

— C'est super ! hurla-t-il par-dessus la musique. L'endroit est plein et tout le monde danse !

Alex le félicita et, de son perchoir, observa la foule. Il repéra Camille qui venait d'arriver avec sa horde d'amies. Elle leva la main pour les saluer et se fendit un chemin dans la foule pour rejoindre Alex.

— Allons dans un endroit plus tranquille, j'ai quelque chose à te dire, cria-t-elle.

Il la suivit dans une autre pièce où étaient éparpillés plusieurs divans et des chaises dépareillées. À cet endroit, la musique était moins forte. Camille préféra rester debout. Elle avait bouclé ses longs cheveux blonds et ses lèvres étaient peintes d'un joli rose bonbon.

— Tu es belle, la complimenta Alex spontanément.

Malgré la pénombre, il put voir qu'elle rougissait.

— Merci, tu n'es pas trop mal non plus, répliqua-t-elle avec un clin d'œil.

— Je n'ai pas eu beaucoup de nouvelles de toi cette semaine…

Ce n'était pas un reproche, mais ils passaient rarement plus de deux jours sans se parler. Alex se demandait ce qui l'avait tenue si occupée.

Elle saisit tout de suite le sous-entendu.

— Je me suis ennuyée, moi aussi. En fait, j'étais occupée avec mes recherches sur ADNchaos et j'ai découvert que…

— Alex !

Tous deux firent volte-face en sursautant, comme s'ils venaient de se faire prendre en flagrant délit. Calvin et Ariane avançaient vers eux. Ariane était habillée tout de noir et elle avait maquillé ses yeux, ce qui aiguisait son regard comme celui d'un chat. Calvin, comme l'avait pensé Alex, détonnait un peu dans ce genre de soirée avec son polo griffé et ses cheveux lissés vers l'arrière. Il semblait moins à l'aise sans son fan-club auprès de lui.

— Salut! dit Alex en reprenant contenance.

Ariane dévisagea Camille, puis s'approcha d'Alex et l'embrassa sur la bouche, sans aucune gêne. Surpris, il figea net et elle se dégagea avant qu'il n'ait eu le temps de comprendre ce qui venait de se passer. Calvin, la mine renfrognée, observait ses pieds. Camille les regardait, la bouche ouverte, interloquée.

Alex fit les présentations en balbutiant. Il faisait très chaud soudainement. Camille salua sèchement Ariane, blottie contre Alex comme s'ils formaient un couple, puis elle fixa son ami en fronçant les sourcils.

Il n'eut pas le temps de s'interroger davantage sur les motivations d'Ariane, car Calvin lui demanda s'ils pouvaient aller discuter à l'extérieur. Alex le suivit. Juste avant de sortir de la pièce, il tourna la tête et vit Camille et Ariane qui discutaient poliment. Il soupira en se disant qu'il ne comprendrait jamais rien aux filles.

Dehors, il y avait encore un attroupement autour de la porte. Calvin conduisit Alex dans une ruelle attenante au vieil entrepôt. À quoi rimait tout ce cirque? Il commençait à perdre patience et voulait retourner à l'intérieur, retrouver ses amis et passer une belle soirée.

Calvin s'arrêta enfin. Seule la lumière de la ruelle, émanant d'une ampoule nue qui grésillait en menaçant de s'éteindre à tout instant, éclairait faiblement le visage de Calvin en lui creusant des cernes sombres. Ce qu'il se préparait à dire semblait grave. Alex posa son pied sur une caisse de bois éventrée, tentant d'ignorer l'odeur de pipi de chat qui les entourait. Il s'accota contre le mur de briques recouvert de graffitis, enfonça ses mains dans ses poches et attendit.

— Cette conversation doit absolument rester confidentielle, commença Calvin en articulant chaque syllabe.

Alex se retint de lever les yeux au ciel et promit de ne rien répéter.

— J'ai un travail à te proposer.

Décidément, c'était la soirée des surprises.

— Je ne pense pas que tu connaisses la notoriété de mon père, enchaîna Calvin d'un ton pompeux.

Alex préféra se taire et écouter Calvin se lancer dans l'apologie des talents de son paternel. Bien sûr, Calvin évita d'aborder les aspects plus sombres d'EXO, se contentant de vanter leurs derniers bons coups financiers orchestrés grâce à leurs investissements immobiliers.

— Mon père veut me préparer à prendre sa place le plus tôt possible, mais ses associés pensent que je suis trop jeune pour assurer sa relève.

À son ton, Alex devina que Calvin craignait ces fameux associés.

— Pourquoi as-tu besoin de moi ?

— Ils m'ont lancé un… défi, répondit Calvin en serrant les dents. Ils veulent être certains que je serai efficace et digne de confiance, tu comprends ?

Alex hocha la tête en silence.

Calvin se rapprocha et baissa le ton. Sa voix ressemblait maintenant au sifflement d'un serpent.

— Ils veulent que je leur propose une manière de se protéger. Ces hommes ont beaucoup à perdre et ils ne veulent pas que n'importe qui puisse venir mettre le nez dans leurs affaires. C'est pourquoi ils tiennent à rester anonymes sur le Net.

— OK…

— Je dois trouver par moi-même un moyen d'y parvenir. J'y ai beaucoup réfléchi et j'ai pensé leur fournir un logiciel qui retracerait toutes les informations les concernant sur Internet.

— Ça existe déjà.

— Oui, je sais, mais je voudrais aussi que ces informations soient effacées aussitôt qu'elles sont publiées.

Alex lâcha un rire sarcastique.

— *The Internet never forgets*, cita-t-il en levant la tête.

— Quoi ?

— C'est une loi non écrite. C'est impossible de contrôler l'information sur Internet. Elle se répand comme une traînée de poudre et reste à jamais.

— Oui, sauf que toi, tu es doué, insista Calvin sans se laisser démonter. J'ai bien vu ce que tu as fait chez moi. Et Ariane m'a juré que tu es même meilleur que ce que tu prétends.

La mâchoire d'Alex se crispa.

— Écoute, tempéra Calvin en remarquant ses réticences, j'ai souvent entendu les collègues de mon père se plaindre de rumeurs à leur sujet sur Internet. Des journalistes véreux publient des articles sur eux et mettent ça sur le web. Ils entachent la réputation d'EXO.

« Des rumeurs qui doivent être fondées », pensa Alex.

— Bref, ils seraient très impressionnés si je pouvais leur donner un moyen de rester invisibles.

Au bout de la ruelle, une porte claqua. Deux hommes sortirent et s'éloignèrent en riant grassement. Un nuage de fumée âcre s'échappait d'une bouche de ventilation tout près d'eux. Calvin, les épaules contractées et le souffle hachuré, continua tout en fixant la ruelle vide après que les hommes eurent disparu de sa vue :

— J'ai beaucoup de pression sur les épaules. Je dois faire mes preuves et réussir ce coup.

— Et en quoi tout ça me concerne ?

Calvin sortit de sa poche une carte, celle de son père, et la lui tendit. Il avait rayé le numéro de téléphone pour écrire le sien à la main.

— Retourne-la.

Au verso, un chiffre était inscrit au stylo, un montant avec plusieurs zéros, suivi d'un signe de dollar.

— Ce sera ton salaire si tu réussis.

Alex était abasourdi. Travailler pour des bandits… en échange d'un montant à peu près égal au prix que lui demandait le gars d'ADNchaos pour retrouver son père !

— Je ne vais pas te supplier, ajouta Calvin, le visage toujours à moitié dans l'ombre, mais tout le monde en ressortira gagnant. Je te laisse y réfléchir.

Sur ces mots, il s'éloigna, laissant Alex seul avec ses pensées. Une ombre courut devant lui, un petit chat, ou peut-être un gros rat, qui alla se réfugier sous une caisse de bois. Il prit une grande inspiration, son pouce jouant avec le bord de la carte.

Que devait-il faire ?

À supposer que ce défi soit réalisable, en quoi serait-il illégal ? Il réfléchit aux conséquences possibles. Son souffle produisait de petits nuages de vapeur qui s'envolaient au-dessus de sa tête. Un graffiti grossier recouvrait le mur face à lui. Alex était perdu dans sa contemplation, des idées germant dans sa tête. Il imaginait déjà un programme capable d'étendre ses ramifications partout sur

Internet, afin de débusquer et d'effacer tout ce qui concernait le groupe EXO. Il existait déjà une technologie ressemblant à ce genre de toile. Ça s'appelait une armure électronique. On y recourait surtout pour bannir l'intimidation sur le web. Alex pourrait l'utiliser et la transformer pour l'adapter aux besoins d'EXO.

Après un moment, il entendit quelqu'un l'appeler. Ariane marchait vers lui, les bras serrés contre sa poitrine pour se réchauffer. Elle avait laissé son manteau à l'intérieur et sa peau blanche luisait dans la pénombre.

— Calvin n'est pas là? demanda-t-elle, étonnée.

Ses yeux bleus le sondèrent avec insistance. Il se demanda à nouveau s'il pouvait lui faire confiance.

— Qu'est-ce qu'il te voulait? demanda-t-elle encore.

— Rien d'important.

Elle tiqua, sans toutefois insister.

— Camille est charmante.

Elle ne semblait pas sincère.

— Oui, je la connais depuis longtemps. C'est ma meilleure amie.

Le sourire d'Ariane se figea, pour s'agrandir davantage une seconde après.

— Elle est partie. Elle a dit qu'elle ne pouvait pas rester.

— Ah bon? s'étonna Alex avec une pointe de déception dans la voix.

Il aurait aimé lui parler de la proposition de Calvin afin d'avoir son avis.

— Voudrais-tu retourner à l'intérieur un peu… puis venir terminer la soirée chez moi ? demanda Ariane à mi-voix.

Alex, de nouveau perdu dans ses pensées, mit quelques secondes pour lui répondre.

— Oui, bonne idée.

Il n'avait plus envie d'être entouré de gens et de bruit. Une boule était apparue au creux de son estomac, comme chaque fois qu'il avait une décision difficile à prendre.

Il la suivit dans l'allée et l'écouta parler avec une certaine joie, soulagé qu'elle entretienne la conversation, car lui n'avait pas le cœur à ça.

6

En entrant dans la maison d'Ariane, qui était presque aussi grosse que celle de Calvin, Alex fit attention pour ne pas faire de bruit.

— Ne t'en fais pas, lui dit Ariane, mes parents sont partis à un congrès, je ne sais plus trop où. Ils reviendront dans deux jours.

— Ils sont souvent absents ?

— Oui, pas les tiens ? répliqua-t-elle en levant un sourcil.

— Mon père avait du temps pour moi. Ma mère… c'est différent.

Ariane l'emmena jusqu'à sa chambre, une pièce toute blanche, très épurée. Sur sa table de chevet était posé un unique cadre. Alex se pencha pour examiner la photo. Celle-ci montrait Ariane, plus jeune, accompagnée d'un petit garçon, la mer en arrière-plan. Ils se tenaient par les épaules et souriaient de toutes leurs dents.

— C'est mon petit frère, commenta-t-elle d'une voix un peu triste. Il s'appelle Thomas.

— Où est-il ?

— Dans un pensionnat, loin d'ici.

Son regard était voilé et Alex devina qu'elle devait s'ennuyer de lui. Il se demanda pourquoi Camille, qui avait fait des recherches sur Ariane, ne lui avait pas dit qu'elle avait un frère.

— Mes parents veulent qu'il ait la meilleure éducation possible. Ils sont certains qu'il est voué à un brillant avenir.

— Ils ne pensent pas ça de toi ? s'étonna Alex.

Ariane ignora sa question et l'entraîna jusqu'à un petit divan disposé près d'une fenêtre. Elle s'y installa avec lui.

Elle avait mis de la musique sur son ordinateur et ils écoutèrent quelques chansons en silence. Il prit sa main et elle ne résista pas. Elle l'avait embrassé plus tôt dans la soirée, bien que cela se soit passé si vite qu'il n'en était plus certain.

Les doigts d'Alex quittèrent la main d'Ariane et remontèrent le long de son bras. Il pouvait voir la chair de poule se former sur sa peau. Elle retenait son souffle, son regard couleur acier le fixant intensément. Lentement, ses doigts glissèrent jusqu'à son cou, puis il encercla sa nuque délicate et l'attira à lui. La tension explosa au contact de leurs lèvres.

Alex perdit la notion du temps. Il avait l'impression que ses idées flottaient dans une sorte de brume, au point qu'il aurait été incapable d'aligner les mots d'une simple phrase. Il s'en fichait. Il se sentait bien. Toutes les préoccupations des dernières semaines s'envolèrent, jusqu'à ce qu'Ariane se dégage et lui glisse à l'oreille:

— Je sais ce que Calvin t'a demandé.

Le poids des soucis d'Alex retomba sur ses épaules d'un seul coup. Il recula.

— Ne t'inquiète pas, le rassura-t-elle en tentant de le garder près d'elle. Je n'en parlerai à personne.

— Pourquoi t'a-t-il raconté ça? répliqua-t-il sur la défensive.

— Il est mon ami, expliqua-t-elle simplement. Il cherchait quelqu'un pour l'aider et il est venu me voir. J'ai pensé que tu pourrais lui être utile.

Alex n'aimait pas la tournure que prenait cette conversation.

— D'après moi, tu devrais accepter, poursuivit Ariane. Le groupe EXO est très puissant. Ça pourrait te rapporter beaucoup d'argent.

Elle passa une main dans la tignasse d'Alex, l'œil malicieux.

— Et puis, je suis certaine que tu ne peux pas résister à un tel défi.

Alex scruta le visage d'Ariane, tentant de comprendre ses réelles intentions.

Elle approcha sa bouche à quelques centimètres de la sienne.

— Tu es comme moi. Tu aimes les sensations fortes. Tu as besoin de sentir ton cœur battre devant le danger pour te sentir vivant.

Alex hocha lentement la tête.

— Et tu trouves que la vie d'un élève du secondaire est tout simplement ennuyeuse, enchaîna-t-elle, alors tu as décidé de devenir un pirate informatique. Le meilleur.

— C'est impossible d'être le meilleur.

— Oh, tu es doué ! Tu le sais et tu adores ça !

— Et toi, quelle source de danger te stimule ?

— Actuellement… c'est toi.

Elle l'embrassa et le vertige le saisit de nouveau.

Ce n'est que plus tard, en rentrant chez lui, qu'il se demanda ce que cette fille pouvait bien lui cacher.

Le froid le réveilla. Il n'avait pas envie de se lever pour monter le chauffage et remonta ses couvertures jusque sous son menton en grelottant. La température avait chuté pendant la nuit et il avait l'impression que sa chambre s'était transformée en congélateur. Il finit par sortir du lit en grommelant et s'y laissa retomber aussitôt le thermostat ajusté. Après quelques minutes à tourner d'un côté et de l'autre, il dut admettre qu'il n'arriverait pas à se rendormir. À contrecœur, il repoussa ses couvertures, enfila un pantalon de jogging et un t-shirt, avant de s'installer à son ordinateur.

Comme chaque fois qu'il ouvrait son portable, il vérifia le contenu de sa boîte de courriel dans l'espoir d'y trouver un message de son père et ressentit un pincement au cœur en constatant que ce n'était pas le cas.

Il fit un tour rapide sur tous les réseaux sociaux auxquels il était abonné. Plusieurs personnes commentaient la première neige tombée le matin, photos à l'appui.

Alex apporta son ordinateur avec lui à la cuisine et se fit deux toasts au beurre d'arachides en contemplant le frimas qui recouvrait la cour.

Son père et lui attendaient toujours l'arrivée de l'hiver avec excitation. Habituellement, David louait un chalet toute une fin de semaine et ils partaient sur les monts enneigés dévaler les pentes. Comme ils n'avaient pas accès à Internet, ce qu'Alex trouvait difficile, ils devaient s'en passer pendant deux jours. Son père insistait sur l'idée que c'était important de faire une coupure de temps à autre. Ils se préparaient des soupers copieux et faisaient des feux de camp. Ainsi, ils pouvaient rester dehors à observer les étoiles une bonne partie de la nuit.

Déprimé, Alex s'assit au comptoir et mangea son déjeuner machinalement. Puis il mit de la musique et se connecta au salon de clavardage de BaconImpact.

Caméléon était en ligne. Il ouvrit une fenêtre privée et lui écrivit :

« Salut Cam, ça va ? Tu es partie tôt hier. »

« J'étais fatiguée. »

« Veux-tu venir faire un tour chez moi ? »

Alex pianotait sur la table en attendant qu'elle réponde. Il avait hâte de lui rapporter sa conversation avec Calvin et de savoir ce qu'elle en pensait. Finalement, sa réponse lui parvint.

« J'arrive. »

Alex se rendit au salon. Dans la vaste pièce trônait un immense divan face à un foyer. Alex se rappela avoir vu des bûches dans le garage. Il alla en chercher et commença à préparer le feu. Il savait que cela plairait à Camille.

Lorsqu'elle arriva, de longues flammes orangées dansaient dans la cheminée.

— Bonne idée ! s'exclama-t-elle en s'assoyant en tailleur sur le tapis, devant le foyer. Il fait tellement froid dehors.

Elle portait un gros chandail à capuchon et des jeans. Ses cheveux blonds étaient détachés. Elle sortit un paquet de réglisse rouge de son sac.

— Tu en veux ?

Alex refusa et prit place sur le canapé.

— Qu'est-ce que Calvin te voulait hier ? s'informa-t-elle en prenant une bouchée.

Alex n'hésita pas à se confier. Il lui exposa la proposition de Calvin et Camille l'écouta attentivement.

— Tu ne penses quand même pas accepter ? lui demanda-t-elle lorsqu'il eut terminé.

— Pourquoi pas ?

Camille le regarda comme s'il avait perdu la tête.

— Parce que ce sont des bandits ! Et parce que tu n'as aucune idée de ce qu'ils vont faire avec ce programme. Sans blague, tu les aiderais à cacher des informations qui pourraient aider la police ?

— La police n'a pas besoin d'utiliser Internet pour faire ses enquêtes, se défendit Alex.

— Le logiciel que Calvin te demande de concevoir est illégal, répliqua Camille en détachant bien chaque syllabe pour être certaine qu'il saisisse l'importance de ce qu'elle lui disait. Si tu veux bloquer des données sur Internet, tu devras contaminer tous les moteurs de recherche qui parlent d'eux. Tu n'as pas le droit de faire ça. Détruire le web est contre nos principes.

Alex ne comprenait pas son entêtement.

— J'ai besoin de cet argent. J'en ai besoin pour retrouver mon père.

— Écoute, lui-même ne veut pas que tu le cherches ! explosa Camille en agitant les bras. Il ne voudrait jamais que tu te places dans une situation aussi risquée pour lui !

— Peut-être, seulement il n'est plus là et je dois prendre mes propres décisions.

— Tu sais bien qu'il n'avait vraiment pas le choix de disparaître ainsi.

— Pourquoi me dis-tu ça ? Je ne lui en veux pas.

Il savait que c'était faux. Et en plus, depuis que son père était parti, tout allait de travers.

— Je veux juste qu'il revienne, souffla-t-il. Tu comprends ça ?

Camille fixa le feu qui se consumait. Évidemment qu'elle comprenait, mais comment lui expliquer qu'il ne fallait pas tenter de le faire à n'importe quel prix ? Elle souhaitait retrouver son ami d'avant. Elle savait aussi que BaconImpact n'accepterait jamais qu'il fasse affaire avec des criminels notoires. Ils pouvaient décider d'exclure Alex si jamais ils venaient à l'apprendre. Et c'est bien connu : sur Internet, tout finit toujours par se savoir.

— Hier, tu voulais me parler d'ADNchaos, dit Alex pour changer de sujet. Qu'as-tu découvert ?

— Rien d'important, murmura-t-elle en continuant de regarder les flammes. De toute façon, tu as déjà pris ta décision.

— Camille, s'il te plaît…

— Et Ariane ? l'interrompit-elle en se retournant vers lui.

— Quoi, Ariane ?

— Tu l'aimes ?

Alex resta muet un moment, puis il s'esclaffa, chose qu'il regretta aussitôt en voyant le regard assassin de Camille.

— Arrête, c'est ridicule, fit-il en ouvrant les bras. Tu es jalouse ?

— Réponds-moi.

Alex était dépassé par le revirement de situation.

— Je crois qu'elle m'intéresse, mais je ne la connais pas beaucoup encore. Qu'est-ce que ça a à voir avec tout ça?

Camille encaissa le choc. Elle se leva et lissa son chandail pour éviter les yeux sondeurs d'Alex.

Jusqu'à ce jour, elle avait toujours agi comme si être son amie lui suffisait. Elle occupait une place privilégiée dans sa vie. Il lui accordait plus d'attention qu'aux autres et leur complicité était unique, précieuse.

— Tu sais que nous deux, c'est différent, se justifia-t-il, comme s'il lisait dans ses pensées. Tu es ma meilleure amie!

— Ariane est... particulière. Je me méfie d'elle.

Comment lui avouer qu'elle avait vu en Ariane une rivale et qu'elle craignait de le perdre? Elle avait soudain pris conscience de la valeur qu'avait Alex à ses yeux.

— Tu savais qu'elle a un frère? demanda-t-il en sautant du coq à l'âne. Ça m'a étonné que tu ne l'aies pas découvert, quand tu as fait des recherches sur elle.

Camille l'ignora et prit le tisonnier. Elle se mit à remuer les braises sans ménagement. Les éclats d'un rouge incandescent brillaient comme des joyaux. Dehors, la neige continuait de tomber doucement. Camille se demanda comment tout pouvait être si beau, si calme alors qu'elle ressentait une telle tempête à l'intérieur d'elle-même.

— Comme tu veux, répondit-elle après un lourd silence.

Le dos toujours tourné, elle ajouta :

— Avant, tu n'aurais jamais aidé des gens comme ça. On a un code d'éthique… ce n'est pas important pour toi ?

— Les choses ont changé.

Camille se sentit soudain très lasse. Elle cligna des yeux pour chasser ses larmes. Elle remit le tisonnier sur son socle et prit son sac.

— Pourquoi ai-je l'impression que c'est Ariane qui te pousse à accepter cette proposition ?

Elle venait de mettre le doigt sur quelque chose qui chicotait Alex depuis le début de cette histoire. Ariane avait une incroyable capacité à cacher ce qu'elle pensait. Jamais il ne pouvait deviner ses véritables intentions. C'était justement ce côté mystérieux qui l'attirait.

Camille s'éloigna pour enfiler son manteau et il sentit son cœur s'accélérer :

— Tu pars ?

Camille savait qu'il était déçu, seulement elle n'y pouvait rien. Elle voyait bien qu'il allait utiliser son talent si rare à des fins qu'elle désapprouvait. Il n'y avait aucun doute qu'il relèverait le défi haut la main. Jamais elle n'avait vu quelqu'un posséder une telle aisance en informatique.

— Écoute, Alex, tu as pris ta décision et je n'arriverai pas à te faire changer d'avis.

— Je vais avoir besoin de toi pour y arriver. Tu vas m'aider ?

Il s'était levé à son tour et attendait sa réponse, le corps tendu comme un arc.

— Non, répondit-elle d'une voix brisée. Je suis désolée.

— J'ai besoin de toi !

Camille déglutit péniblement.

— Avec Ariane dans les parages, je ne peux pas.

Elle aurait voulu lui dire qu'elle se sentait incapable de les voir ensemble, pourtant elle se tut.

— Allez, reste encore un peu.

Elle réussit à afficher un sourire, mais le coin de ses lèvres tremblait.

— Je ne suis pas inquiète, tu vas très bien y arriver tout seul. Tu es le meilleur.

Elle quitta la pièce sans se retourner. Alex s'effondra sur le divan. Il resta là, le regard perdu dans le vide, longtemps après que les dernières braises se furent éteintes.

7

Dans les jours qui suivirent, Alex se sentit comme un zombie. Camille ne lui donna aucune nouvelle. Il ne la vit pas en ligne sur le site de BaconImpact et il n'osa pas l'appeler. Jamais ils n'avaient passé autant de temps sans se parler et son absence lui pesait.

Au cours de la semaine, Calvin prit Alex à part, à l'heure du dîner, et revint à la charge avec son offre.

— J'accepte, consentit Alex, mais je vais avoir besoin de temps pour concevoir le logiciel.

— Oui, bien sûr, répondit précipitamment Calvin.

Il ne cachait pas sa joie.

— Je veux aussi que tu restes discret. Personne ne doit savoir ce que je prépare.

Calvin, soulagé que son plan fonctionne, approuva les conditions d'Alex sans hésiter.

À la cafétéria, Ariane l'embrassa devant tout le monde. Alex ne savait pas pourquoi il avait cette étrange impression qu'elle jouait la comédie. Lorsqu'elle lui sourit, il se ravisa. Ils étaient donc officiellement un couple, ce qui ne manqua pas d'alimenter les potins à leur sujet. Alex remarqua le regard déçu de quelques filles quand il déambula au bras d'Ariane dans les corridors de l'école.

À la fin de la semaine, il avait établi une ébauche de logiciel qui allait pouvoir effacer les pages Internet parlant du groupe EXO.

Le vendredi soir, il soupa en compagnie de sa mère qui se lança dans une nouvelle tentative de rapprochement. Elle avait quitté le travail plus tôt afin de passer du temps avec lui. Quel sacrifice !

— Trouves-tu les matières difficiles à l'école ? lui demanda-t-elle. Le passage du public au privé peut parfois être ardu. Si tu le désires, je pourrais engager un professeur particulier pour qu'il t'aide dans tes devoirs.

— Je n'en ai pas besoin, répondit distraitement Alex, les yeux fixés sur son cellulaire.

Heureusement, il avait toujours été bon à l'école. Il essayait d'être le plus attentif possible en classe. De cette façon, il s'évitait des révisions inutiles. Ses devoirs n'étaient peut-être pas aussi impeccables que ses professeurs l'auraient souhaité, mais ses notes restaient satisfaisantes.

— Je n'ai toujours pas eu de nouvelles de David, enchaîna sa mère en jouant avec son collier de perles. À croire qu'il s'est volatilisé.

Les épaules d'Alex se contractèrent.

— Je ne sais pas s'il est conscient qu'abandonner son fils ainsi lui donne un très mauvais exemple, continua-t-elle en piochant dans sa salade. Je ne me gênerai pas pour le lui souligner dès que je lui parlerai.

— Dis plutôt que tu lui en veux d'être prise avec moi.

Elle afficha une mine offusquée, tira sur les manches de son tailleur et se racla la gorge pour retrouver une contenance.

— Je sais que tu es un adolescent et qu'à cet âge, on a parfois des débordements d'agressivité, mais ce n'est pas une raison pour me parler sur ce ton.

— Je t'ai parlé très calmement, ce sont mes paroles que tu n'aimes pas.

— Voyons, ne dis pas de sottises. Je suis très contente que tu vives ici.

Elle continua à manger avec des gestes vifs et nerveux.

À ce moment, Alex reçut un message texte de Benji. Il se leva de table.

— Benji veut que j'aille le rejoindre à son travail.

— D'accord, lâcha-t-elle d'une petite voix, bonne soirée.

Il mit son manteau et se dépêcha de fuir cette atmosphère pesante.

Le poids dans sa poitrine disparut lorsqu'il arriva enfin devant la petite imprimerie où travaillait son ami. Il poussa la porte, qui émit un « ding », avant d'entrer dans une pièce remplie de photocopieurs qui ronronnaient. Une forte odeur d'encre y régnait. Benji émergea de la pièce du fond avec un sourire victorieux, brandissant son cellulaire au-dessus de sa tête.

— Elle m'a écrit !

— Super ! s'exclama Alex sans savoir de qui il parlait.

— Tu te souviens de Chloé ? Attends, je vais te montrer sa photo.

Benji s'empressa de le rejoindre et, de ses doigts boudinés, il fit défiler à toute vitesse des photos sur son écran.

— Regarde, c'est elle.

Alex se pencha sur le téléphone et vit la photo d'une fille se prenant elle-même en photo dans le miroir de sa salle de bain.

Benji, à cause de son poids, avait toujours été intimidé par les filles, malgré les encouragements d'Alex à foncer. Quand Alex avait changé d'école, il avait craint que Benji se renferme davantage, alors il était sincèrement heureux pour son ami que ça ne soit pas le cas.

— Super, répéta-t-il. Tu me donnes des détails ?

— Elle m'a vu mixer au Clandestin et à la fin de la soirée, elle m'a dit qu'elle m'avait trouvé vraiment bon. On a échangé nos numéros. Tiens, regarde ses messages textes.

Alex les parcourut rapidement et tapa dans la main de Benji en le félicitant.

— Tu crois que je devrais l'inviter au cinéma ?

— Bien sûr.

Benji regarda son cellulaire comme s'il contenait une bombe prête à exploser à tout instant.

— OK, je commence par quoi ? "Salut, Chloé"... Non, je ne devrais pas dire son nom, alors juste : "Salut, comment tu vas ?"... C'est pas bon, ça. "Hey ! Quoi de neuf ?"... Non, ça sonne bizarre. "Allô, que fais-tu vendredi ? Est-ce que ça te dirait de m'accompagner au cinéma ?"... Ah, c'est complètement nul ! Est-ce que je devrais mettre des becs à la fin de mon message ? Deux ou trois x ?

— Ne réfléchis pas trop. Elle va le sentir si c'est forcé.

Benji prit un air piteux.

— Je n'ai jamais invité une fille. Je ne veux pas manquer mon coup.

— Eh bien, que penses-tu de ceci : “Salut, veux-tu venir au cinéma avec moi vendredi ?”

Benji le regarda comme s’il était un génie.

— C’est parfait ! s’exclama-t-il en se mettant à taper fébrilement le texte. Alors, est-ce que je mets des becs ?

Devant le regard indécis de son ami, il se pencha vers lui :

— Fais comme tu le sens et reste toi-même. Elle ne pourra pas te résister, ajouta-t-il avec un clin d’œil.

— Alors j’en mets deux.

D’un air déterminé, il envoya le message. Puis son teint devint blême.

— Je n’aurais peut-être pas dû…

Cette fois, Alex éclata de rire.

— Arrête, c’est parfait ! Bon, parle-moi un peu plus de cette Chloé.

— C’est toi qui as des choses à me raconter, le corrigea Benji en se remettant à classer des piles de feuilles sur une grande table. Camille avait une tête d’enterrement toute la semaine à l’école et elle a refusé de m’expliquer pourquoi. Veux-tu me dire ce qui se passe ?

Alex haussa les épaules.

— Elle n’est pas d’accord avec ce que je vais faire.

Pendant que Benji imprimait des documents, Alex lui raconta comment il comptait aider Calvin. Son ami écouta attentivement et fit la grimace quand Alex lui expliqua le genre de logiciel qu'il devait créer. Benji en savait assez sur l'informatique pour comprendre à quel point ce défi était difficile… voire irréalisable.

— Tu vas avoir besoin de moi pour concevoir les virus, devina-t-il lorsque Alex eut terminé de lui exposer son projet.

Celui-ci acquiesça.

— Je sais que tu es occupé et ça m'ennuie d'avoir à te le demander…

Benji balaya l'air de la main.

— Arrête, ça me fait plaisir. Il faudrait bien que ton père revienne pour nous amener faire de la planche à neige avant que la saison finisse !

— C'est vrai, approuva Alex en regardant par la fenêtre les flocons qui tombaient.

Il poussa un soupir nostalgique.

— Et Camille ne veut pas que tu travailles pour Calvin ? l'interrogea Benji en fronçant les sourcils.

— Non. D'après elle, le père de Calvin et ses associés sont des bandits que je ne devrais pas aider. Elle se méfie aussi d'Ariane. Habituellement, je n'aurais jamais accepté, mais là, j'ai besoin de cet argent pour retrouver mon père. Pourquoi ne peut-elle pas comprendre ça ?

Benji resta silencieux, la tête penchée sur une pile de feuilles imprimées. Camille était un peu la conscience d'Alex. À plusieurs reprises par le passé, elle avait calmé son tempérament insouciant et téméraire. Il se remémora la fois où Alex avait parlé de pirater le site de la NASA parce qu'il y avait découvert une faille ; il voulait voir jusqu'où il était capable d'aller. Camille s'y était opposée et Benji avait assisté à une dispute mémorable entre les deux. Finalement, à bout d'arguments, Alex avait renoncé à son projet, admettant du bout des lèvres que ce n'était peut-être pas une si bonne idée.

Pour Camille, la droiture et une morale irréprochable devaient les guider quand ils utilisaient leurs aptitudes et leurs connaissances en informatique. Les convictions éthiques d'Alex étaient moins solides. Tourner les coins ronds afin de parvenir à ses fins ne le rebutait pas. Par contre, en dépit de leurs désaccords, ces deux-là n'avaient jamais arrêté de se parler et Benji se demanda en quoi c'était différent cette fois.

Il poursuivit ses tâches pendant un moment puis s'arrêta :

— Cette Ariane, c'est elle que j'ai aperçue au Clandestin avec toi ?

Alex confirma et Benji émit un sifflement admiratif.

— Elle est très belle…, observa-t-il en commençant à suspecter la véritable source du conflit entre ses deux amis.

Alex tapait du pied en jouant avec les lacets de son capuchon.

— On est ensemble maintenant, je crois.

— Tu l'aimes ?

— Je l'aime bien, avança-t-il prudemment. Tout ça s'est passé si vite. Elle est super belle, c'est vrai.

Alex secoua la tête pour la chasser de ses pensées. Il saisit des stylos avec lesquels il se mit à jongler.

— En tout cas ! Je ne comprends pas pourquoi Camille s'entête ainsi. On fait déjà de l'intrusion informatique illégale ! On est très loin d'être des exemples à suivre.

— Je pense qu'elle essaie d'agir en accord avec ses valeurs, répondit Benji.

Alex se renfrogna.

— Toi, est-ce que tu aurais accepté l'offre de Calvin ?

À son grand étonnement, Benji ricana.

— Aucune idée ! Je n'ai pas un père qui est peut-être en Russie pour me sauver la vie. Tout ce que je sais du piratage informatique, c'est toi qui me l'as appris. J'ai presque fait une crise cardiaque en demandant à une fille de sortir avec moi et je n'étais même pas devant elle. Non, je ne sais absolument pas ce que j'aurais fait à ta place. Par exemple, si j'acceptais un tel contrat, je m'arrangerais pour ne pas me faire prendre.

Alex resta longtemps songeur pendant que Benji trouait, coupait et triait les piles de copies qu'il venait de faire. Le ronronnement des machines et le bruit des feuilles qui sortaient des imprimantes se faisaient toujours entendre en sourdine. Dehors, le soleil était couché depuis un moment déjà et les rares passants marchaient d'un pas pressé pour échapper au froid. De minuscules flocons tourbillonnaient dans les airs.

Une sonnerie de cellulaire les fit sursauter tous les deux. Benji arrêta son travail, extirpa son téléphone de la poche arrière de son jeans et lut le message texte.

Il regarda l'écran, la bouche ouverte, jusqu'à ce qu'Alex s'impatiente et lui demande ce qui se passait.

Benji leva vers lui des yeux remplis d'incrédulité, et un sourire béat se forma sur son visage.

— Elle a dit ouiiiiiiii !

8

Alex passa toute la fin de semaine à réfléchir intensément. Benji avait raison ; il ne devait surtout pas se faire prendre. Avant toute chose, il fallait garder un œil sur Calvin et sa bande afin de s'assurer qu'ils n'allaient pas le duper. La bévue avec BlackOwl avait rendu Alex encore plus méfiant qu'avant et il ne comptait pas répéter la même erreur deux fois. Il allait protéger ses arrières.

Après avoir établi une liste mentale des options qui s'offraient à lui, il se rendit à l'évidence : il devrait placer les lignes téléphoniques et la connexion Internet de la maison de Calvin sous surveillance. De cette façon, il serait au courant des faits et gestes de sa famille et pourrait éviter de tomber dans un piège. Il devait donc entrer chez Calvin.

Alex lui envoya un message texte pour lui demander s'il comptait faire un autre party prochainement. Calvin lui répondit aussitôt :

« Pas cette semaine, je pars en vacances avec mes parents jeudi et je reviens dimanche. Je manque deux jours d'école. »

Alex esquissa un sourire. C'était parfait.

Il décida de mettre son plan à exécution tard en soirée le jeudi, pendant que la famille de Calvin serait absente. Il y aurait peu de circulation dans ce quartier tranquille. Il texta Benji :

« Besoin de ton aide jeudi soir. »

La réponse ne se fit pas attendre :

« Pas de problème. »

Indécis, Alex fixa son cellulaire. Comment pourrait-il enfin convaincre Camille de lui porter main-forte ? Il y songeait en donnant des chiquenaudes sur l'écran.

Il avait besoin d'elle pour pénétrer dans la maison de Calvin. Quand Alex s'était rendu à la soirée, il avait remarqué le système d'alarme sophistiqué. Camille saurait le déjouer. Très jeune, elle s'était intéressée aux verrous et aux systèmes de protection, à la plus grande joie de son père qui espérait qu'elle reprenne l'entreprise familiale d'installation de systèmes de sécurité lorsqu'elle serait en âge de le faire.

Alex aurait aimé l'avoir à ses côtés, et pas uniquement pour ses habiletés…

Il s'ennuyait d'elle.

Après avoir longuement hésité, il se décida à l'appeler. Comme il ne lui téléphonait presque jamais, elle comprendrait peut-être à quel point c'était important. De plus, elle n'avait répondu à aucun de ses textos dans les derniers jours.

Après quelques sonneries, il entendit sa voix joyeuse qui l'invitait à laisser un message.

— Salut, Cam, c'est moi, dit-il après le bip. J'ai un défi pour toi. Une maison équipée d'un système M-136 dernier cri. Benji et moi on y va jeudi soir. Donne-moi des nouvelles si tu veux te joindre à nous.

Il attendit avant de couper la ligne. Il savait que son message n'était pas honnête. Son ton était faussement enjoué. Il agissait comme si tout était normal, comme si la conversation qu'ils avaient eue une semaine plus tôt n'avait jamais eu lieu. Après un silence trop long, il ajouta :

— J'espère que tu vas bien. J'ai hâte de te voir.

Il raccrocha en soupirant. Une minute plus tard, il reçut un message texte et il crut pendant un instant que c'était Camille qui lui écrivait.

C'était Ariane qui l'invitait à venir chez elle pour regarder un film.

Il lui répondit qu'il arrivait.

— Tu devrais t'ouvrir un magasin d'informatique.

À genoux sur le plancher de la chambre d'Alex, la tête enfouie dans le garde-robe, Benji fouillait dans une boîte à la recherche d'un disque dur.

— C'est vrai, enchaîna-t-il d'une voix étouffée par le carton, tu as assez d'équipement pour te fabriquer une dizaine d'ordinateurs.

— Tu exagères, rigola Alex en refermant un boîtier en plastique rigide noir.

Il était assis sur son lit et triait tout l'attirail dont il aurait besoin pour mettre la demeure de Calvin sur écoute. Alex avait effectivement accumulé beaucoup de matériel informatique au cours des années. La première semaine qui avait suivi son déménagement, sa mère l'avait menacé de tout mettre aux poubelles en voyant le désordre de sa chambre. Il avait donc tout rangé dans des cartons qu'il avait répartis au sous-sol, sous son lit et dans le placard.

Sa chambre ne lui plaisait pas autant que celle qu'il occupait au condo de son père. Il avait tout de même réussi à recréer une ambiance où il se sentait bien. Sa planche à neige était accrochée au mur – au grand découragement de sa mère – et il avait installé son poste de travail à son goût.

Alex regarda une fois de plus par la fenêtre et son front se plissa. Tôt le matin, une neige fondante avait commencé à tomber en abondance dans les rues de la ville, pour se transformer en pluie verglaçante vers midi. C'était à présent du grésil qui tambourinait contre la vitre. Le mois de décembre était bien installé.

— Ils annoncent une tempête pour les trois prochains jours.

— Tant mieux, on va avoir congé d'école, se réjouit Benji en émergeant du garde-robe.

Alex songeait davantage à leur excursion nocturne. Il espérait que la température ne compliquerait pas les choses.

Benji lança le disque dur en direction d'Alex qui l'attrapa au vol, puis il s'assit sur la chaise de bureau et se balança de l'avant vers l'arrière.

— Camille va-t-elle venir avec nous ?

Alex secoua la tête. Il consultait sans cesse son téléphone dans l'espoir d'y voir une réponse d'elle, en vain. Son ami était visiblement inquiet.

— On va faire comment sans elle ?

— J'ai consulté un site sur l'Internet caché qui révèle des défaillances dans le système d'alarme de la maison de Calvin. Je crois qu'on va pouvoir les exploiter.

Bien sûr, la méthode était loin d'être idéale, mais c'était le mieux qu'il avait pu faire dans un si court délai.

Il commença à remplir son sac avec les articles dont ils auraient besoin : une lampe de poche, des gants, le NUC, ce petit ordinateur enfermé dans une boîte noire qu'Alex avait programmé pour qu'il agisse comme un espion. Toutes les activités Internet et les conversations téléphoniques y seraient enregistrées et envoyées sur le portable d'Alex.

Il ajouta une poignée de fils et de câbles, une clé USB, un fer à souder, un paquet de gomme, des pinces à dénuder les fils, un tournevis et un petit couteau suisse. Il ferma son sac pendant que Benji textait avec un air bienheureux sur le visage.

— Tu écris à Chloé ? devina Alex.

— Oui, répondit Benji en rougissant.

— Tu la revois bientôt ?

— En fin de semaine. Je ne sais pas encore ce qu'on va faire. Veux-tu te joindre à nous ?

Alex lui décocha un regard perplexe.

— Euh… non merci.

— Je sais, c'est ridicule, avoua Benji. Je suis tellement nerveux quand je suis seul avec elle ! Je ne sais pas comment agir.

— C'est normal, laisse-toi du temps. Moi aussi, j'étais nerveux au début avec Ariane.

C'était faux, mais le soupir de soulagement que poussa Benji lui confirma que c'était ce qu'il avait besoin d'entendre.

— Bon, tout est prêt. C'est l'heure.

Benji lui emboîta le pas en enfilant son manteau d'hiver.

— Où est ta mère ?

— Au bureau, je crois.

Il avait cessé de suivre ses allées et venues compliquées. Elle était si souvent en voyage d'affaires pour rencontrer des dirigeants d'entreprise !

— Elle n'est pas souvent là…

— Je ne sais même pas comment elle fait pour se rappeler son adresse, lança Alex à la blague.

Ça simplifie les choses pour mes recherches sur ADNchaos. Il y a peu de risques qu'elle mette le nez dans mes affaires.

— Elle doit bien se douter de quelque chose…

Alex réfléchit en enfilant ses bottes.

— Je crois qu'elle préfère ne pas savoir. Tout ce qui compte pour elle, c'est que j'aie de bonnes notes. Si ça va bien à l'école, elle se dit que ça va bien dans ma vie aussi.

Alex ouvrit la porte d'entrée. Il sursauta.

— Camille ! s'écria Benji dans son dos.

Elle se tenait sur le seuil, le poing en suspens dans les airs, se préparant à frapper. Elle les fixa de ses grands yeux.

Ses cheveux blonds avaient été ramenés sous une tuque noire enfoncée sur sa tête. Alex lui sourit.

— Je suis content que tu sois là.

Elle déclara d'un ton qu'elle voulait détaché :

— Je viens juste pour donner un coup de main. Sans moi, vous n'y arriverez pas.

— Ça, c'est bien vrai, confirma Benji, soulagé.

Camille tourna les talons et descendit l'allée glacée.

Alex se sentit plus léger en la suivant, Benji sur ses talons.

9

— C'est la maison de Calvin ? demanda Benji en contemplant l'imposante demeure qui se dressait devant eux.

— Oui, confirma Alex, mais ne restons pas là. Passons par l'arrière.

Après avoir observé un peu les alentours, ils longèrent la haute rangée de cèdres recouverts de givre. La maison était envahie par les ténèbres. Leurs pas cassaient la mince couche de glace avec des craquements sonores qui faisaient grimacer Alex. Une pluie glaciale gorgeait d'eau leurs vêtements qui devenaient de plus en plus lourds.

La température exécrable avait pour avantage de garder les gens à l'intérieur. Ils n'avaient pas croisé âme qui vive sur le chemin, personne n'osant mettre le nez dehors.

Alex renifla et essuya son visage mouillé du dos de la main. Une fois dans la cour, ils atteignirent le patio. Camille mit ses mains en coupe sur la porte-fenêtre pour examiner l'intérieur. Un grand cercle de buée apparut sur la vitre. Elle vit un boîtier de système d'alarme sur le mur au fond de la pièce. Autour d'eux, tout était étrangement silencieux, comme si le temps s'était arrêté. Seul le bruit de la pluie produisait comme un léger crépitement.

Alex regarda encore autour de lui. Il remarqua un vélo, probablement celui de Calvin, oublié contre le cabanon. Il était à moitié enseveli sous la neige et la glace.

— C'est bien le système dont tu m'avais parlé, confirma Camille, le nez toujours collé sur la vitre. Je vais passer par l'avant pour le désactiver. Je ne sais pas si je vais réussir à entrer sans faire de dommages à la porte, avertit-elle d'un ton sec.

— Fais de ton mieux, lui répondit Alex. Je vais m'occuper de la ligne téléphonique, ajouta-t-il en désignant le côté de la maison. Appelle-moi quand tu seras prête à entrer.

Camille était encore froide à son égard. Il aurait tellement voulu qu'elle oublie cette stupide querelle et qu'elle agisse de nouveau normalement avec lui !

« Au moins, elle est venue », s'encouragea-t-il.

Elle les laissa sur place et rebroussa chemin. Alex sentit une pointe d'inquiétude le traverser. Pendant qu'elle essaierait d'entrer, Camille serait vulnérable pour quelques minutes, à la vue de tous les voisins. Il souhaita que tout se passe bien.

Quant à Benji, dont la nervosité était palpable, il fixait le sol.

Les mains moites, Camille gravit les quelques marches qui menaient au perron. Là, elle retira ses gants et s'essuya les mains sur le revers de son manteau avant de s'atteler à la tâche. Elle s'agenouilla devant la porte et inspecta la serrure. Elle reconnut aussitôt le mécanisme à pêne dormant dont la plupart des portes de maison étaient munies.

Après avoir lancé un bref regard derrière elle – la rue était tranquille et déserte –, elle posa son sac et en sortit un pistolet de crochetage, de ceux que les serruriers utilisent pour forcer les verrous, ainsi qu'une petite trousse qu'elle déroula sur le sol. Plusieurs tiges de métal, toutes de grosseurs différentes, s'alignaient dans l'étui en tissu.

Elle avait emprunté l'équipement de son père, à l'insu de ce dernier. Ses parents entreposaient du matériel de sécurité dans leur sous-sol et Camille n'aurait qu'à le remettre en place à son retour.

Sa main plongea dans sa poche de manteau pour y saisir une lampe de poche miniature. Elle la glissa entre ses dents et éclaira la serrure. Après une simple évaluation du trou sous la lumière de la lampe, elle choisit la grosseur de la tige dont elle aurait besoin et l'inséra au bout du pistolet qui était froid et lourd dans sa main.

À genoux dans la neige accumulée sur le perron, elle ignorait la pluie froide qui imbibait ses pantalons. Camille choisit dans l'étui une clé plate au bout incurvé et l'inséra doucement dans l'interstice de la serrure. Lorsqu'elle fut certaine qu'elle était bien emboîtée, elle introduisit la tige du pistolet en la glissant le long de la clé.

Elle pressa la gâchette à trois reprises. Ensuite, avec précaution, elle donna de petits coups de gauche à droite avec la clé pour tenter d'actionner le mécanisme. Camille répéta l'opération à plusieurs reprises, jusqu'à ce qu'elle sente la clé tourner. Elle retira le pistolet et, tenant la clé toujours en place, elle rangea son équipement d'une main et le fourra dans son sac.

Toute l'opération ne lui avait pris que quelques minutes. Elle avait eu de la chance : nul passant ni aucune voiture ne l'avaient dérangée. Elle prit une grande inspiration pour garder son calme et rester concentrée. L'adrénaline parcourait ses veines et son cœur battait plus vite que d'habitude. À la prochaine étape, elle n'aurait que quelques secondes pour agir.

Elle sortit son cellulaire et appela Alex qui répondit aussitôt.

— Je vais entrer, l'informa-t-elle en se redressant.

Sa main maintenait toujours fermement la clé en place.

— Je suis prêt. J'attends ton signal.

Il devait couper la ligne téléphonique à l'extérieur de la maison. Camille programma un décompte de quinze secondes sur sa montre, estimant qu'elle en aurait vingt au maximum avant que l'alarme détecte la coupure et qu'elle se déclenche.

Les alarmes de maisons se ressemblent toutes sensiblement. Elles sont reliées à une centrale par la ligne téléphonique. Si la ligne est coupée, le système se déclenche. Camille devait donc empêcher que cela se produise.

Elle coinça son cellulaire entre son oreille et son épaule et, de sa main libre, elle tourna la poignée.

— Maintenant, chuchota-t-elle dans le combiné.

Alex avait déjà posé le canif sur le fil. Il donna un coup sec qui trancha net la ligne.

— C'est fait.

Il raccrocha et rejoignit Benji à l'arrière au pas de course.

Camille poussa la porte sans hésiter et repéra aussitôt le petit panneau d'alarme où l'on devait entrer le code à quatre chiffres. Il était installé près du garde-robe de l'entrée. Elle s'y dirigea et s'enfonça à l'intérieur de la penderie en glissant son téléphone dans sa poche. Des manteaux de fourrure qui devaient appartenir à la mère de Calvin étaient suspendus sur des cintres. Camille les poussa sans ménagement. Sur le mur, tout au fond, elle dénicha ce qu'elle cherchait : le boîtier d'alimentation.

À partir de là, tout se déroula très vite. Elle ouvrit le clapet et tira sur la batterie jusqu'à l'arracher. Ensuite, elle prit des ciseaux qu'elle avait glissés plus tôt dans sa poche, puis sectionna les deux fils gris qui sortaient du boîtier et disparaissaient dans le mur. Elle venait de couper le courant. Le système était neutralisé.

Camille regarda sa montre. En tout, ça lui avait pris quatorze secondes. Elle arrêta le décompte, s'accota contre le mur et rejeta la tête vers l'arrière en respirant profondément. Heureusement, ce n'était pas une alarme reliée par une connexion satellite, car Camille n'aurait rien pu faire pour l'enrayer.

Elle se releva pour aller ouvrir la porte du patio. Elle passa devant un grand salon richement décoré et une cuisine tout équipée dernier cri.

— Tu es géniale, la félicita Alex en entrant, suivi de près par Benji.

Camille lui sourit en retirant sa tuque, libérant ses cheveux blonds.

— Tout s'est bien déroulé. Il ne te reste plus qu'à prendre la relève, conclut-elle avec satisfaction.

Alex hocha la tête.

— Tu peux t'occuper de monter la garde pendant qu'on va au sous-sol ?

— Oui.

— Allons-y, dit Alex à son ami.

Ils descendirent la volée de marches vers le sous-sol. Benji trouva l'interrupteur et Alex reconnut la pièce où il était venu précédemment. Il dépassa la table de billard et découvrit la salle de la fournaise en poussant une autre porte au fond de la pièce.

C'était aussi un espace de rangement, comme en témoignaient les cartons qui s'entassaient un peu partout. Alex passa devant des décorations de Noël et dénicha le modem du fournisseur Internet qu'il cherchait.

— Bingo ! s'exclama Benji.

Alex ouvrit son sac à dos et sortit tout son matériel.

Benji et lui se mirent au travail. Avec un peu de chance, ils auraient terminé dans une dizaine de minutes tout au plus, et ils pourraient déguerpir.

De son côté, Camille ramassait rapidement son équipement laissé sur le perron. Elle rentra à l'intérieur, referma la porte d'un coup de pied et, à genoux sur le tapis d'entrée, elle entreprit d'essuyer l'eau qui recouvrait en partie l'étui contenant les tiges. Elle le roula et le remit dans son sac avec le pistolet à crochetage et la lampe de poche.

La pièce était plongée dans le noir, mais lorsqu'elle se releva, Camille vit un clignotement rouge dans son champ de vision. Elle tourna vivement la tête et mit une seconde avant de comprendre que le panneau du système d'alarme en était la source. Elle fronça les sourcils et s'approcha.

La lumière minuscule s'éteignait et s'allumait toutes les secondes.

Camille fixa la lumière avant de pousser un juron. Elle saisit son cellulaire, ouvrit une page

Internet et tapa quelques mots dans le moteur de recherche.

Alex tentait de relier le petit ordinateur NUC à la connexion Internet lorsqu'il entendit Camille l'appeler en haut des marches.

— Alex, viens ici !

Il comprit au son de sa voix que quelque chose clochait. Il tendit les fils enchevêtrés à Benji pour qu'il continue sans lui.

— Je reviens. Il te reste seulement à relier les fils entre eux.

— Pas de problème.

Alex rejoignit Camille en moins de deux. Elle tourna un visage anxieux vers lui.

— Regarde, dit-elle en lui désignant le panneau.

Alex vit la lumière rouge et pâlit.

— Je croyais qu'on avait coupé le courant !

Camille se mit à se mordiller un ongle.

— C'est aussi ce que je pensais. Visiblement, il y a une autre entrée. Peut-être un fil caché dans le mur.

— Ce qui veut dire que la police est en route ?

Camille secoua la tête.

— Non. S'il y a une autre connexion, c'est que le système ne contacte pas la société de sécurité. Je ne sais pas qui a été informé de notre intrusion.

— Ah, c'est une bonne nouvelle, non ?

Camille le regarda comme s'il avait perdu la tête.

— Penses-y. Le père de Calvin demande probablement à des gens pas très recommandables d'assurer sa sécurité personnelle. J'aimerais mieux me retrouver face à la police que devant ces gens-là.

— Tu as peut-être raison. Partons tout de suite.

Il se rapprocha de la cave.

— Benji ! cria-t-il en mettant ses mains en porte-voix.

Camille le rappela aussitôt, d'une voix étrangement aiguë. Elle fixait la fenêtre à côté de la porte.

Alex fut près d'elle en une seconde.

Les lèvres de Camille tremblaient. Elle était visiblement terrifiée par ce qu'elle voyait dehors. Il suivit son regard et son sang se figea.

Une camionnette noire s'était garée devant la maison et deux hommes à la carrure imposante portant des vestes de cuir et des tuques noires en descendirent.

10

Benji cria d'en bas:

— Oui?

À l'extérieur, les deux hommes à l'allure menaçante se séparèrent. Le premier emprunta l'allée qui menait à l'entrée et l'autre longea le côté de la maison. Il était donc impossible de fuir par l'arrière.

Alex s'écria:

— Benji, ferme les lumières et cache-toi! Vite!

Son ton ne laissait place à aucune discussion et la lumière du sous-sol s'éteignit aussitôt.

Il saisit le sac à dos, le balança au fond du garde-robe et ferma la porte. Il ne restait aucune trace de leur passage dans le vestibule.

— Camille, tu dois te cacher, lui ordonna-t-il en l'entraînant jusqu'à l'escalier menant à l'étage.

Elle était pétrifiée. La voix d'Alex la ramena à la réalité.

— Toi, tu ne te caches pas?

— Je vais le faire. Allez, monte!

Elle grimpa les escaliers quatre à quatre et disparut de sa vue.

Alex avait à peine eu le temps de se déplacer qu'il entendit une clé dans la serrure. Il continua jusqu'à la cuisine et se baissa derrière l'îlot, alors que la porte du patio s'ouvrait, à quelques pas de lui.

— John! appela l'homme qui venait d'entrer dans la salle à manger, la porte est ouverte et il y a des traces de pas à l'arrière.

Alex jeta un rapide coup d'œil par-dessus le comptoir. Il eut le temps d'entrevoir les traits de l'inconnu au visage recouvert d'une barbe épaisse.

— Il y en a aussi dans l'entrée, répondit le dénommé John qui arrivait avec une lampe de poche dans les mains.

Le faisceau de lumière fit lentement le tour de la pièce et passa juste au-dessus d'Alex qui enfonça sa tête entre ses épaules, caché par l'îlot. Il pouvait voir les jambes des deux hommes dans le reflet de la vitre du four.

Les questions fusaient à toute vitesse dans sa tête. Qui étaient-ils? Ils ne devaient en aucun cas mettre la main sur Camille ou Benji…

— Tu crois que quelqu'un est entré? demanda le barbu d'une voix grave.

— Le signal indique bien que le système d'alarme a été corrompu, confirma l'autre. Cette personne est peut-être encore à l'intérieur. Va vérifier à l'étage, je m'occupe du rez-de-chaussée.

Alex sentit son estomac se serrer en entendant le barbu monter les marches à pas lourds. Il pensa à Camille, seule, là-haut.

John commença à contourner l'îlot et Alex marcha le dos penché pour se déplacer *in extremis* de l'autre côté. Il en fit tout le tour pendant que l'homme le suivait sans le savoir. Alex rejoignit ainsi sa place initiale, près du four, pendant que John se rendait au salon.

Camille avait exploré deux chambres qui, malheureusement, ne comportaient aucune cachette satisfaisante. Après avoir entendu les deux hommes parler, elle perçut des pas qui montaient l'escalier. Un flot d'adrénaline parcourut ses veines et, la respiration saccadée, elle plongea sous le lit, se tortillant afin de se dissimuler dans l'espace exigu.

Son cœur battait si fort qu'elle crut que l'individu allait l'entendre. Ses chaussures apparurent tout à coup dans son champ de vision. Il était dans l'embrasure de la porte. Il s'arrêta là, silencieux.

Camille mit une main tremblante sur sa bouche. Elle n'osait plus respirer. L'homme était là, face au lit sous lequel elle se terrait.

« Il m'a vue, songea-t-elle avec horreur. Sinon, il ne resterait pas là sans bouger. »

Lentement, elle glissa la main dans sa poche et, le cœur prêt à exploser dans sa poitrine, elle saisit ses ciseaux, le seul moyen de défense dont elle disposait.

Alex n'entendait plus un son, mais tous ses sens restaient en alerte. Le dénommé John revint vers la cuisine, signe qu'il avait terminé de fouiller le salon. Il s'engageait maintenant dans l'escalier menant au sous-sol.

Alex sortit de sa cachette en réfléchissant à toute vitesse. Au bout d'un moment, il sut ce qu'il devait faire.

Il s'approcha de la porte-fenêtre et l'ouvrit. Un vent froid s'engouffra aussitôt dans la maison. La tempête avait empiré.

Benji s'était glissé de peine et de misère derrière la fournaise, conscient que sa cachette n'était pas la meilleure. Sa corpulence l'empêchait d'être bien camouflé et il suffisait à quelqu'un d'allumer pour qu'il soit aussitôt découvert.

Il sursauta lorsque des pas résonnèrent dans l'escalier. La démarche était trop lente pour que ce soit celle d'Alex. Il sentit des sueurs froides lui couler dans le dos.

L'inconnu se rapprochait. Benji se mordit les lèvres. Il tenta de se faire tout petit, en vain. Que pouvait-il bien se passer ? Alex lui avait crié de se cacher, puis plus rien. Était-ce les parents de Calvin qui revenaient plus tôt ? Si c'était le cas, il n'aurait qu'à se sauver à la course. Les parents de Calvin ne se lanceraient tout de même pas à sa poursuite dans la neige.

Or, son intuition lui soufflait qu'une menace plus grande le guettait.

L'homme entra dans la pièce et ouvrit la lumière. Benji serra les dents. Puis, un bruit de verre brisé éclata au-dessus de leurs têtes.

L'individu qui inspectait le sous-sol fit demi-tour au pas de course pour aller voir ce qui se passait en haut.

Tremblant, Benji sortit de sa cachette et fit quelques pas, aux aguets. Au-dessus de lui, des cris retentirent.

Camille avait l'impression que les secondes s'écoulaient comme des années. Les muscles tendus, elle attendait que l'homme s'avance. Elle tenait les ciseaux le long de sa jambe, prête à les utiliser, quand un bruit de verre qui se casse avait retenti au rez-de-chaussée. L'homme, surpris, laissa tomber son cellulaire sur le sol.

Camille comprit en une fraction de seconde qu'il allait le ramasser et la repérer immédiatement. Tout son corps tremblait de terreur.

L'homme se pencha. Camille retenait son souffle. Il n'avait qu'à lever les yeux pour la voir !

C'est alors que quelqu'un proféra un cri qui ressemblait à un mugissement furieux.

— John ? appela le barbu d'une voix forte.

— Ramène-toi ! Il va nous échapper !

L'homme saisit son cellulaire, se redressa et dévala les marches en quatrième vitesse. Camille entendit un brouhaha au rez-de-chaussée, puis le silence revint. Elle eut soudain très peur pour ses amis.

Restant cachée, elle prit son téléphone dans sa poche, composa le numéro d'Alex et le porta à son oreille.

Alex avait voulu détourner l'attention des deux truands et les attirer à l'extérieur. Près de la table de cuisine trônait un immense vase, presque aussi grand que lui. Il lui avait administré une poussée et le vase avait oscillé avant de se fracasser dans un terrible vacarme. La porcelaine s'était répandue partout sur le plancher.

Alors que John remontait, Alex s'élança dehors sans attendre. À l'extérieur, la tempête avait empiré. Du grésil fouettait maintenant son visage, le pinçant sans ménagement. Il se protégea la figure d'une main et courut jusqu'au cabanon. Chacun de ses pas s'enfonçait dans la neige, le ralentissant. Il s'arrêta près du vélo, mais celui-ci était figé dans la glace.

Alex jeta un coup d'œil par-dessus son épaule et vit John, sur le pas de la porte, qui hurlait à son complice de le rejoindre. Puis l'homme s'élança à sa poursuite.

Mû par une poussée d'adrénaline, Alex tira de toutes ses forces et le vélo se libéra enfin. Il l'enfourcha et pédala avec ardeur. Les roues s'enlisaient souvent et Alex n'était pas aussi rapide qu'il l'aurait voulu, bien que son poursuivant fût lui aussi ralenti par les intempéries.

Le vélo prit de la vitesse et Alex déboucha dans la rue glissante. Il donna un coup de guidon et faillit déraper. Il posa un pied sur le sol en faisant tourner le vélo et exerça une poussée pour repartir. L'homme l'avait presque rattrapé et Alex pédala debout, mettant à profit toute la force de ses jambes.

La rue était une véritable patinoire. Il dérapait à chaque coup de pédale et devait retrouver son équilibre tout en accélérant.

Derrière lui, l'homme s'était dirigé vers la camionnette, son complice sur les talons.

Alex prit son cellulaire dans sa poche de manteau juste comme il entendit le moteur du véhicule démarrer et gronder tel un monstre dans la nuit. Il tenait le guidon d'une main tout en essayant de passer un appel. Son téléphone sonna en affichant le nom de Camille, lui épargnant cette peine. Il répondit avec soulagement.

— Alex ? Où es-tu ? demanda-t-elle dès qu'il décrocha.

Devant lui, la rue s'achevant, il prit à droite et glissa sur quelques mètres avant de reprendre le contrôle, son guidon partant dans tous les sens.

Il entendait la voiture se rapprocher beaucoup trop vite.

— Sauvez-vous ! cria Alex dans son cellulaire. Prenez vos choses et partez !

Il raccrocha et remit le téléphone dans sa poche, les yeux rivés sur la route. Le chemin était désert, la tempête devenait encore plus féroce. Le grésil lacérait son visage et sa nuque, telles de froides morsures. Les phares de la camionnette éclairaient la route luisante comme une patinoire. Soudain, le véhicule frôla sa roue arrière.

Alex donna un coup de guidon pour tenter de remettre son vélo en équilibre. Son geste le fit dévier de sa trajectoire. Désorienté pendant une seconde, il vit le trottoir, tout près. Il tira pour faire lever la roue avant, monta sur le trottoir et recommença à pédaler à toute vitesse en essayant de garder le contrôle.

La camionnette arriva à sa hauteur et fit une embardée dans sa direction. Le véhicule grimpa sur le trottoir sans difficulté et frappa Alex de côté. Il sentit une vive douleur au bras avant de tomber brutalement dans un fossé qui bordait le trottoir. Son visage heurta la couche de glace et il poursuivit sa course sur quelques mètres avant de s'arrêter.

Une brûlure cuisante envahit le côté droit de son visage. Son bras élançait douloureusement. Il se redressa avec un grognement. Il était dans un fossé entourant un immense terrain où une maison, imposante et silencieuse, se dressait tout au fond. Personne aux alentours ne semblait avoir été alerté par le bruit de l'impact.

Une tache rouge s'étalait dans la neige. Il l'observa avec un regard brouillé, un peu perdu. Le crissement des roues de la voiture réveilla ses sens. Il se releva et parvint à courir jusqu'au vélo. Un peu plus loin, ses assaillants, à bord du véhicule, faisaient demi-tour pour venir à sa rencontre. Du sang coulait sur le visage d'Alex. Il l'essuya en essayant d'évaluer rapidement quelles étaient ses options. Le grésil tombait toujours abondamment, rendant la visibilité mauvaise.

Il enfourcha le vélo alors que des portières claquaient tout près de lui. Alex releva la tête une seconde, le temps de voir les deux brutes courir dans sa direction.

Poussé par un réflexe de survie, il trouva la force de se remettre à pédaler comme il ne l'avait jamais fait auparavant. Les muscles de ses cuisses élançaient pendant qu'il prenait de la vitesse. Le sang qui se répandait sur son visage brouillait sa vue. Son bras tremblait sous la douleur. Le sol où il roulait était rempli de bosses et de creux qu'il devait éviter pour ne pas faire un second vol plané.

Derrière lui, les hommes avaient réintégré leur véhicule et ils s'élançaient encore à ses trousses.

Alex donna tout ce qu'il lui restait d'énergie. Peine perdue. Les phares menaçants éclairèrent la voie devant lui.

La camionnette ne ralentit pas et Alex entendit le moteur rugir. Elle fonçait sur lui à toute allure. Il serra les dents, attendant l'impact.

11

Quand Alex lui cria de se sauver, Camille sortit de sous le lit sans attendre. Elle courut jusqu'au sous-sol et appela Benji. Ce dernier apparut timidement dans l'embrasure de la salle de fournaise, affichant un air apeuré et incertain.

— Que s'est-il passé ? Où est Alex ?

Camille secoua la tête, ils n'avaient pas le temps pour les explications.

— On s'en va, déclara-t-elle de but en blanc.

Il pointa la petite boîte noire derrière la fournaise.

— Il me reste seulement à faire les connexions entre ces deux fils. Crois-tu que j'ai le temps ?

Camille était furieuse. Ils devaient se sauver au plus vite. Ils avaient déjà pris trop de risques et toute cette histoire allait trop loin… en même temps, ça aurait été stupide d'avoir fait tout ça pour rien.

— Tu as trente secondes.

— Je me dépêche! promit Benji en essuyant son front moite.

Il se mit à la tâche pendant que Camille entassait tout l'équipement dans le sac.

— Il ne faut pas laisser de traces de notre passage, rappela-t-elle. Personne ne doit deviner la raison de notre intrusion ici.

Ils quittèrent le sous-sol en courant et Camille ramassa aussi son sac dans la penderie. Ils sortirent par la porte arrière et escaladèrent une clôture pour rejoindre la propriété voisine. Ils risquaient de se faire repérer, mais c'était toujours mieux que de tomber sur les hommes de tout à l'heure.

L'estomac de Camille se tordait à la pensée d'Alex. Elle consultait son téléphone toutes les dix secondes dans l'espoir qu'il l'appelle. Elle tenta de le localiser avec le logiciel espion, sans succès.

Ils franchirent plusieurs clôtures avant d'être suffisamment loin pour emprunter les rues désertes. À cause de l'heure tardive et des intempéries, les autobus se faisaient rares et ils durent marcher presque tout le trajet du retour. Leurs manteaux se gorgeaient d'eau et ils reniflaient en grelottant.

Quand ils arrivèrent enfin devant la maison d'Alex, les lumières étaient éteintes.

— Il n'est pas encore rentré, observa Camille gravement.

Elle se mordilla l'intérieur de la joue en regardant des deux côtés de la rue.

— Je suis certain qu'il va bien, tenta de la rassurer Benji tandis qu'elle réessayait d'appeler Alex.

— Son cellulaire est encore éteint, ragea-t-elle en marchant de long en large au milieu de la rue.

— J'ai la clé. Viens, rentrons. Ça ne sert à rien de rester ici.

Il traîna Camille jusqu'à l'intérieur, puis alla chercher des vêtements secs appartenant à Alex pendant qu'elle tapait fébrilement sur son téléphone.

Lorsqu'il revint, elle était toujours debout au milieu du salon, marmonnant des paroles furieuses qu'il ne comprit pas.

— Tiens, proposa-t-il en lui tendant un coton ouaté noir à capuchon, enfile ça, tu trembles.

Benji s'était déjà changé.

Elle quitta son téléphone des yeux et leva un regard étonné vers lui, comme si elle venait de remarquer sa présence. Elle saisit le chandail d'un geste machinal. Des plis soucieux se formaient entre ses sourcils.

— Tu connais Alex, il trouve toujours le moyen de se sortir des pires situations.

— Je ne sais plus, répondit Camille tristement. Depuis que son père n'est plus là, il n'est plus le même. Il est obsédé par l'idée de le retrouver.

— Tu es certaine que tu ne veux pas dire : depuis qu'il a rencontré Ariane ?

Aussitôt que les mots furent sortis de sa bouche, Benji devint rouge comme une pivoine.

— Je suis désolé. Je ne sais pas pourquoi j'ai dit ça.

Camille balaya l'air de la main.

— Tu as peut-être raison.

Elle s'était tellement ennuyée d'Alex dans les derniers jours ! Quand il lui avait enfin laissé un message, tous ses principes s'étaient envolés. Il était son meilleur ami.

Le bruit de la porte d'entrée la sortit de ses réflexions. Alex apparut devant eux, trempé de la tête aux pieds, la moitié du visage ensanglanté. Du sang coagulé plaquait ses cheveux sur sa tête. Il boitait et se tenait le bras en grimaçant. En découvrant ses amis, il réussit à sourire à Camille qui se précipita vers lui et faillit le renverser en l'enlaçant de toutes ses forces. Alex entoura sa taille avec son bras libre et colla son nez dans son cou.

— J'ai eu si peur ! chuchota Camille.

Puis elle se dégagea doucement pour constater l'ampleur de ses blessures.

— Je vais bien, assura-t-il, ne pouvant toutefois masquer une grimace de douleur.

Elle glissa ses doigts sur son visage couvert de ridules de sang.

— Qu'est-ce qu'ils t'ont fait ?

— Ils ont essayé de m'attraper, mais j'ai réussi à leur échapper de justesse. Vous deux, vous n'avez rien ?

Camille et Benji secouèrent la tête.

— Je vais te soigner et tu nous raconteras ce qui s'est passé, dit Camille avant d'aller chercher le nécessaire pour nettoyer le sang et désinfecter les plaies.

Benji alla récupérer des bûches au garage et entreprit de faire un feu. Une chaleur tiède se répandit dans la pièce, les réchauffant peu à peu.

Pendant que Camille s'occupait des blessures d'Alex, celui-ci leur expliqua comment il avait tenté de fuir avec le vélo de Calvin. Ses deux amis l'écoutaient attentivement, buvant chacun de ses mots.

— Ils m'ont frappé et fait tomber dans le fossé. Je suis remonté sur le vélo, seulement je ne prenais pas assez de vitesse.

Alex frissonna en revoyant la voiture qui fonçait sur lui.

— Les phares se rapprochaient de moi, mais au dernier moment, j'ai vu un sentier qui menait à un parc entre deux maisons. J'ai changé ma trajectoire juste avant d'être frappé une deuxième fois.

Alex évita de leur rapporter qu'il avait pu sentir la carrosserie le frôler de très près.

— J'ai dérapé sur la glace, mais j'ai vite retrouvé mon équilibre et foncé à travers le parc. Le temps que les hommes réagissent, j'étais déjà loin. J'ai continué mon chemin en empruntant plusieurs petites rues.

Chaque fois qu'il avait vu les phares d'une voiture, il s'était tapi dans l'ombre, attendant que celle-ci passe son chemin.

Soudain, il se tourna vers Benji :

— As-tu eu le temps de terminer le travail ?

— Tu es maintenant connecté à leur réseau, confirma Benji en hochant la tête.

Alex brandit un poing satisfait et la douleur vrilla son bras.

— Ne bouge pas ! lui ordonna Camille.

— Ce n'est pas cassé.

— Tu es sûr ? Tu devrais aller te changer, tu trembles.

Effectivement, malgré le crépitement des flammes dans la cheminée, il frissonnait dans ses vêtements trempés.

— Je reviens, dit-il en se levant avec difficulté.

Maintenant que l'adrénaline était tombée, chaque parcelle de son corps le faisait souffrir. Benji était affalé sur le divan et bâillait à s'en décrocher la mâchoire.

— Est-ce que je peux dormir ici ? C'est sûr qu'on n'a pas d'école demain avec cette tempête.

— Fais comme chez toi, lui répondit Alex en montant. La chambre d'amis est au fond à droite.

— Merci, je vais appeler mes parents pour les prévenir.

— Moi aussi, décida Camille.

Dans la salle de bain, Alex se dévêtit et prit une longue douche fumante. Pendant qu'il enfilait des vêtements chauds, il entendit le ronflement de Benji provenant de la chambre. Il descendit au salon. Camille s'était lovée comme un chat sur le divan. Les flammes dessinaient des ombres dorées sur ses cheveux. Elle se tourna vers lui quand il avança, et tendit la main pour qu'il la rejoigne.

— Montre-moi ta tête, lui demanda-t-elle quand il s'allongea à ses côtés.

Alex obtempéra.

— Il y avait beaucoup de sang, mais ce n'étaient que des égratignures, constata son amie en fouillant sa tignasse à la recherche d'autres coupures.

Alex prit sa main et la posa près de sa bouche, ses doigts entre les siens. Elle sentait son souffle chaud contre sa paume à chacune de ses respirations.

— Tu m'as fait peur, avoua-t-elle à voix basse.

Alex serra sa main en une excuse silencieuse.

Camille se sentait bien, là, ce soir, près de lui. Elle était si soulagée qu'il s'en soit sorti indemne! Elle continua de jouer dans ses cheveux de sa main libre. Dehors, le vent fouettait les vitres dans un sifflement lugubre. Eux étaient à l'abri, au chaud. Camille contempla la danse des flammes dans le foyer et en ressentit une grande paix intérieure.

La respiration d'Alex devint plus profonde. Elle aussi sentait ses paupières devenir lourdes. Elle se couche à son tour et, avant de sombrer dans le sommeil, elle souffla à son oreille :

— Je voudrais que tu arrêtes tout ça. C'est trop dangereux… et j'ai peur de te perdre.

Elle s'endormit en se demandant s'il l'avait entendue.

12

Camille se réveilla en sursaut. Elle mit quelques secondes à s'extirper du sommeil et son cerveau tenta de saisir la provenance du bruit qu'elle entendait.

— Alex, chuchota-t-elle en le poussant un peu, il y a quelqu'un à la porte.

Trois coups secs résonnèrent à nouveau et Alex se redressa comme si une guêpe l'avait piqué. Perdu, il se passa une main dans le visage et se dirigea vers la porte d'entrée.

Il ouvrit la porte et Camille se figea quand la voix d'Ariane retentit joyeusement.

— Salut !

Camille sauta sur ses pieds et se faufila dans la cuisine pendant qu'Alex la faisait entrer dans le vestibule.

— Qu'est-ce qui est arrivé à ton visage ? s'étonna cette dernière, incrédule, en tendant la main vers son front.

— Rien de grave, je suis tombé sur la glace hier. Je vais bien.

— Les cours ont été annulés, enchaîna Ariane d'une voix mielleuse, alors je suis venue chercher mon livre de français que je t'ai prêté l'autre jour, et je me demandais ce que tu faisais aujourd'hui.

De la cuisine, Camille voyait leur profil dans le miroir de l'entrée. Ariane s'était approchée et avait entouré le cou d'Alex de ses mains. Elle l'embrassa longuement et Camille détourna les yeux.

Après ce moment interminable, Alex se dégagea.

— Je vais travailler sur ce que Calvin m'a demandé, répondit-il en caressant sa joue rosie par le froid. Je serai très occupé dans les prochains jours.

— D'accord, alors je vais te laisser tranquille, soupira Ariane.

Camille sentit sa gorge se nouer devant l'air attendri d'Alex quand il l'embrassa à son tour. Elle aurait donné n'importe quoi pour être ailleurs à cet instant. Son cœur cognait contre sa poitrine.

Alex monta à l'étage chercher le livre et Camille resta immobile, espérant qu'Ariane n'entrerait pas dans la cuisine, ce qui aurait causé un immense malaise. Il redescendit presque aussitôt et elle dut assister à un autre baiser avant qu'Ariane parte enfin.

Dès que la porte d'entrée fut refermée, Alex appela Camille. Il entra dans la cuisine et s'arrêta net en la voyant. Son air coupable la blessa.

— Qu'est-ce que je fais ici ? se demanda-t-elle à voix haute en tournant les talons.

— Camille, attends !

— Je dois partir, grommela-t-elle en cherchant fébrilement ses choses.

Alex suivit Camille au salon et resta planté à la regarder tandis qu'elle remplissait son sac de ses vêtements encore trempés. Elle portait toujours le coton ouaté d'Alex, trop grand pour elle. Le matin ne laissait pas encore percer la lueur du soleil, masqué par une couche d'épais nuages. Le feu était éteint dans le foyer et le salon était maintenant sombre et froid.

— Camille, l'implora-t-il d'une voix posée pour la forcer à l'écouter. Reste, s'il te plaît. Mon père est introuvable, toute ma vie va de travers, et j'ai besoin de toi.

Elle s'immobilisa, ce qu'Alex prit pour un signe encourageant, jusqu'à ce qu'elle se retourne avec une lueur de colère dans les yeux.

— Comment oses-tu parler de ton père à cet instant ? Il n'approuverait rien de ce que tu fais actuellement… tout comme moi d'ailleurs.

— Qu'est-ce que tu as ? Pourquoi es-tu fâchée ?

Le visage de Camille se remplit de tristesse.

— Tu ne comprends vraiment rien, lâcha-t-elle en secouant la tête. Comment peux-tu faire confiance à cette fille ?

— Au moins, elle approuve ce que je fais, lui opposa-t-il d'un ton de reproche.

— Tu devrais te méfier. Tu la connais à peine.

— Tu es jalouse.

Camille resta muette de stupéfaction.

— Tu ne devrais pas, enchaîna Alex avant qu'elle n'ouvre la bouche. Tu sais que toi et moi, c'est spécial. Personne ne pourra nous enlever ça.

Camille s'avança jusqu'à ce qu'elle le frôle. Elle murmura d'une voix douce :

— On devrait être ensemble, Alex. On n'est pas juste des amis et tu le sais.

Elle mit une main sur son torse et empoigna son chandail pour l'approcher d'elle. Leurs lèvres se touchaient presque.

— J'ai toujours envie d'être près de toi, de t'embrasser, lui confia-t-elle dans un souffle.

Le regard plongé dans celui d'Alex, elle le suppliait de ses yeux noirs.

— Je sais que tu ressens la même chose, mais pour une raison que j'ignore, c'est Ariane que tu choisis. Oui, je suis jalouse.

Elle déglutit avant de poursuivre :

— Tu dis que tu as besoin de moi. C'est faux. Tu l'as, elle. Et comme tu l'as si bien remarqué, elle approuve ce que tu fais, alors que moi, non.

Elle ramassa son sac et le cala sur son épaule.

— Ne m'appelle plus.

Alex n'arrivait pas à expliquer sa fascination pour Ariane. Il voulait que Camille reste, seulement il ne savait pas comment la retenir.

— Camille, j'ai besoin de toi, répéta-t-il d'une voix brisée.

— Tu as Ariane, maintenant.

Elle s'éloigna. La porte s'ouvrit, puis se referma, laissant entrer un courant d'air glacial qui le fit frissonner.

Les pas de Benji se firent entendre dans l'escalier. Il rejoignit son ami, la mine déconfite.

— Alors on va devoir continuer sans elle, constata-t-il tristement.

Alex, les mâchoires serrées, approuva en silence.

Benji lui donna une tape dans le dos pour l'encourager.

— Viens, on a du pain sur la planche.

Alex resta là encore un peu, fixant la porte comme si Camille allait revenir annoncer de son habituel ton joyeux que tout était arrangé. Mais rien ne se passa. Le visage sombre, il rejoignit Benji qui mangeait bruyamment ses céréales dans la cuisine.

— J'ai déjà commencé la conception du logiciel, mais ça va me prendre une semaine de plus pour le mettre en place et le tester. Est-ce que je peux compter sur toi pour m'épauler ? lui demanda Alex pendant qu'il se servait à son tour un bol de céréales. Tu ne pourras pas voir Chloé très souvent.

— Pas de problème, répondit Benji, la bouche pleine. Elle est très occupée avec ses études. Elle n'a pas de très bonnes notes et sa mère l'a menacée de la changer d'école si elle ne s'améliorait pas. Et puis, j'aime bien jouer à l'homme indépendant qui se laisse désirer…

— N'importe quoi. Tu es tout le temps en train de la texter.

Alex avait complètement oublié que les examens approchaient. Heureusement qu'il était attentif pendant ses cours, car il aurait besoin d'être concentré sur son objectif dans les prochains jours.

— Ce que tu t'apprêtes à faire est quand même compliqué, lui fit remarquer Benji en déposant son bol vide dans l'évier. Tu ne pourrais pas retracer ton père d'une autre façon ?

— Non. Les membres d'ADNchaos sont très doués pour rester anonymes. Il n'y a que ce gars-là qui accepte de me parler. Il risque gros, c'est pour ça qu'il veut autant d'argent. Et comme je n'ai pas l'intention de voler une banque, je n'ai pas le choix de faire ce travail pour Calvin.

Après le déjeuner, ils montèrent à l'étage et Alex nota que l'ambiance était différente. Benji était fébrile et il y avait de l'électricité dans l'air, comme chaque fois qu'ils préparaient un gros coup.

Ensemble, ils sortirent tout l'attirail informatique dont Alex aurait besoin. Benji, fidèle à son habitude, plaisanta pendant qu'il installait les six grands écrans d'ordinateur les uns sur les autres, sur le bureau.

— On pourrait aussi les mettre en pyramide, ça serait plus original.

— Ça ne tiendra jamais, pouffa Alex.

Chez son père, les écrans étaient accrochés à un support mural, ce qui était plus pratique.

— Prends des livres pour y poser les écrans, continua-t-il en lui lançant un *Larousse.*

— Je vais enfin me servir d'un dictionnaire, blagua Benji en obéissant.

Alex sortit aussi plusieurs clés USB qui contenaient les programmes qu'il utiliserait.

— Où vas-tu ? demanda-t-il à Benji qui sortait de la pièce.

— Au dépanneur ! Nous allons avoir besoin de provisions.

Il revint quelques minutes plus tard avec un sac rempli de croustilles et de bonbons.

— On peut commencer, déclara-t-il en déversant son contenu sur le lit.

Alex, le bras toujours douloureux et les plaies à la tête élançant encore, s'était installé à son bureau. Il jouait avec une balle en mousse tout en tournant de gauche à droite sur sa chaise pivotante.

Il sentit un picotement au creux de sa nuque. Il ressentait cela lorsqu'il préparait une opération d'envergure. L'adrénaline parcourait son corps en petites décharges électriques.

Il avait placé de gros haut-parleurs par terre et Benji brancha son cellulaire à la chaîne stéréo.

Alex aimait plusieurs styles de musique, mais lorsqu'il faisait du piratage, il écoutait du hip-hop. La première chanson du rappeur Jay-Z commença et Alex monta le volume jusqu'à ce qu'il sente la basse résonner dans sa cage thoracique.

Benji prit place sur le lit, son portable sur les genoux et sa tête battant le rythme. Son ordinateur était relié à celui d'Alex et il devait s'assurer que l'intrusion de son ami ne serait pas décelée.

Les six écrans s'allumèrent et des lignes de code s'affichèrent.

Alex tapa dans ses mains et les frotta l'une contre l'autre.

— C'est parti.

13

Les heures suivantes s'écoulèrent à toute vitesse.

Alex et Benji avaient toujours les mêmes habitudes quand ils travaillaient ensemble. Benji, qui surveillait le travail d'Alex, pigeait de temps à autre dans le sac de croustilles au fromage ou le plat de jujubes, l'encourageant et restant prêt si un danger se pointait à l'horizon. Si l'attaque d'Alex devenait trop risquée, Benji bombardait le serveur de virus afin d'attirer l'attention ailleurs. Alex pouvait ainsi travailler en paix.

De temps en temps, Benji se levait pour observer, par-dessus l'épaule de son ami, ses mains agiles s'agiter sur le clavier. Il lui donnait une tape dans le dos et allait lui chercher quelque chose à boire.

Alex, impassible, continuait de pousser son programme plus loin. Son logiciel fonctionnait comme une araignée, qui étalait sa gigantesque toile afin de capturer ses proies (les renseignements qu'EXO voulait effacer) pour ensuite les éliminer (en déployant un virus contre le site dans le but de détruire les informations ciblées).

Par contre, le moteur de recherche était bien protégé et Alex avait besoin de toutes ses ressources pour le pénétrer. Il devait parfois reculer et opter pour un autre chemin, moins bien gardé, pour mieux avancer, comme s'il traversait un labyrinthe où des ennemis l'attendaient à chaque tournant. Il fallait les éviter, se transformer en une ombre invisible pour ne pas se faire prendre.

Les failles étaient sa force. Il avait un don pour les déceler et les exploiter à son avantage.

Les obstacles étaient nombreux. Benji revint donc le lendemain, puis la fin de semaine arriva et ils travaillèrent sans relâche.

Parfois, Benji textait Chloé. Ensuite, il racontait à Alex leurs conversations. Ce dernier l'écoutait d'une oreille distraite, heureux pour son ami, mais l'esprit trop encombré par les codes et les algorithmes pour pouvoir répondre quelque chose de sensé.

Il tapait fébrilement sur son clavier, les neurones activés à plein régime. La musique vibrait au même rythme que les battements de son cœur. Le regard aiguisé et tous les sens en éveil, il ne s'arrêtait que pour prendre une gorgée de boisson gazeuse.

D'habitude, Camille les accompagnait dans leurs « missions ». Elle s'installait par terre, sur des coussins, le dos appuyé contre le lit, et passait son temps sur les réseaux sociaux avec son cellulaire tout en mâchonnant un bâton de réglisse. Elle blaguait avec Benji, haussant le ton pour se faire entendre par-dessus la musique. Elle intervenait si Alex éprouvait un problème.

Camille absente, il y avait maintenant un vide que Benji s'efforçait de combler en tentant d'alléger l'atmosphère.

En fin de soirée, Alex s'effondrait sur son lit, trop épuisé pour penser, et il s'endormait d'un sommeil profond. Il se réveillait avec des images de codes imprimées sur la rétine.

Le lundi, Alex se traîna jusqu'à l'école et Ariane le taquina en remarquant son teint blafard. Il rassura Calvin en lui jurant que son projet avançait bien. Ce dernier sembla soulagé et il continua à faire le fanfaron avec les autres étudiants. Alex nota tout de même qu'il était plus nerveux qu'à l'habitude. Probablement à cause de l'intrusion chez lui, mais il n'en parla pas à Alex et celui-ci en fut soulagé puisque Calvin ne devait pas le soupçonner.

Les élèves avaient des examens toute la semaine et Alex révisait entre les cours et à l'heure du dîner, avec l'aide d'Ariane. Il reconnut qu'il ne lui avait pas accordé beaucoup de temps ces derniers jours et il s'en excusa.

— Ne t'en fais pas pour ça, dit-elle. Je devais étudier, de toute façon.

— On se verra pendant le congé des fêtes, lui promit-il pour se rattraper.

— J'aurais aimé, mais je m'en vais en vacances avec mes parents, lui apprit-elle, la mine désolée. Nous allons dans un chalet, skier pour quelques jours.

— C'est super, lança Alex en essayant de mettre plus d'entrain dans sa voix. Est-ce que ton petit frère va vous rejoindre ?

Ariane eut l'air tellement surprise qu'Alex regarda par-dessus son épaule pour tenter de comprendre la raison de sa réaction. Il n'y avait pourtant personne. Lorsqu'il se retourna, elle avait retrouvé son sourire.

— Oui, oui, répondit-elle en balayant l'air de la main.

Alex n'insista pas et se replongea dans son manuel de mathématiques en lâchant un soupir.

Alex n'était que moyennement satisfait de ses performances aux examens passés au cours de la semaine. Il ne s'en faisait pas pour autant ; au pire, il se reprendrait aux tests de fin d'année.

Benji le rejoignit le vendredi soir et ils se remirent à la tâche. Alex était maintenant tout près du but et il devait être particulièrement vigilant pour ne pas se faire prendre.

Benji dormit chez Alex et, le samedi, ils se mirent au travail tout de suite après le déjeuner.

Quand Benji se leva pour aller se chercher une collation, il stoppa net.

— Je ne savais pas que ton langage de programmation pouvait se transformer en langage binaire, nota-t-il en regardant l'un des écrans.

Alex se raidit.

— Qu'est-ce que tu veux dire ?

Benji pointa une ligne de script sur le troisième moniteur.

Alex se pencha pour analyser ce qu'il voyait.

En une seconde, il comprit.

— Ils m'ont repéré.

Benji lâcha un juron en courant prendre son portable. Il voulait détourner leur attention, mais Alex l'arrêta.

— Pas tout de suite, ça ne servirait à rien. Ils savent déjà que je suis dans leur système.

— Qu'est-ce que je peux faire ?

Alex pianotait à vive allure, morcelant son programme afin qu'il devienne illisible aux yeux des autres.

— Ils ne savent probablement pas encore qui je suis. Ils ont seulement détecté une attaque. Si je suis assez rapide, je vais pouvoir déguiser mon logiciel et le cacher dans leur programme. Prépare un virus de type B. Je vais les attaquer avec ça.

— C'est comme si c'était fait.

— Alex ?

La voix de Madeleine, la mère d'Alex, résonna au rez-de-chaussée. Celui-ci se tourna vers Benji, les yeux écarquillés.

— Ta mère est là ! s'affola Benji en sautant du lit. Tu ne m'avais pas dit qu'elle revenait aujourd'hui.

Alex grogna entre ses dents :

— Je l'ignorais.

Ça ne pouvait pas plus mal tomber.

— Prépare le virus.

— Ta mère…

— Dépêche-toi.

— Alex, es-tu là ?

— Oui, maman ! cria-t-il en s'activant de plus belle sur les touches du clavier. Je descends dans une minute !

Madeleine commença à monter l'escalier et Alex sentit des perles de sueur froide se former sur son front. Il avait environ trois minutes pour masquer son attaque, sans quoi son travail des dernières semaines n'aurait servi à rien, car son logiciel serait détruit.

— Benji, j'ai besoin du virus maintenant.

— Oui, oui, ça vient.

Benji respirait fort et ses yeux étaient grands comme des soucoupes.

— Allez, allez…, insista Alex, le suppliant presque.

Des coups retentirent contre sa porte.

— Alex ?

— Benji…

— C'est fait ! annonça son ami en appuyant sur un bouton qui ouvrit le compartiment à CD.

Il saisit le disque et le lança comme un frisbee. Alex l'attrapa au vol, puis l'inséra dans l'ordinateur dans un même mouvement. Sur l'écran, une fenêtre apparut, lui demandant s'il voulait démarrer le programme du virus. Il cliqua sur OK juste comme sa mère entrait.

D'où elle se tenait, Madeleine ne pouvait voir ce qu'affichaient les moniteurs. Alex leva la tête et tenta un sourire sincère.

— Qu'est-ce que vous faites ? les interrogea-t-elle en fronçant les sourcils.

— Rien de spécial, éluda Alex d'une voix plus aiguë qu'à l'ordinaire. Ton voyage s'est bien passé ?

— Oui, répondit-elle en entrant dans la chambre.

Alex jeta un coup d'œil aux moniteurs et vérifia que le virus s'était bien déployé. Il était déjà combattu et perdait du terrain, mais Alex s'en fichait. Le camp adverse pouvait détruire le virus, l'important était qu'il ne décèle pas son programme. Il appuya sur une touche et un fond d'écran affichant deux chatons qui jouaient ensemble apparut.

Madeleine regarda les minous, puis les vestiges de sacs de croustilles et de bonbons qui jonchaient le sol.

— On allait tout nettoyer, précisa Alex.

— Hum…

Visiblement, elle était peu convaincue. Elle observa l'impressionnante installation informatique sur le bureau d'Alex.

— Tu as vraiment besoin de tout cet attirail ?

— Je te l'ai déjà dit, c'est pour mes jeux vidéo.

Benji était figé comme une statue de cire et Madeleine pinça les lèvres.

— Qu'est-ce que vous mijotez ?

Alex éclata d'un rire qui sonnait faux.

— Rien du tout. On se préparait à écouter un film. On va peut-être sortir voir des amis plus tard.

— Bon, je vais dormir quelques heures, je suis fatiguée.

— D'accord, repose-toi bien.

Elle leur lança un dernier regard soupçonneux. Aussitôt la porte refermée, Benji s'affala sur les draps.

— Il était moins une, lâcha-t-il en soupirant.

Alex retourna à son ordinateur et constata que le danger était passé.

— Les employés du moteur de recherche ont déjà neutralisé le virus et ils sont sûrement en train de l'analyser. Ils n'ont pas trouvé mon logiciel puisqu'il est toujours là, intact.

Benji, toujours couché sur le lit, leva le poing vers le plafond.

— Ouf! On l'a échappé belle. Ils sont rapides.

— C'est sûr.

— Tu vas tous les déjouer, ce sera donc toi le meilleur.

Alex haussa une épaule, insensible au compliment.

— C'est dommage que tu ne puisses pas te vanter auprès des filles de tes exploits. Elles seraient toutes à tes pieds.

— J'ai suffisamment de problèmes avec les filles comme ça, rétorqua Alex en se remettant à la tâche.

Il lui restait à faire des tests pour s'assurer que son logiciel fonctionnerait bien dans le moteur de recherche avant de le déployer.

Benji saisit une balle et s'amusa à la lancer sur le mur et à la rattraper. Pendant ce temps, Alex sentit qu'il avait plus de difficulté à se concentrer. Les visages de Camille et d'Ariane tournoyaient dans son esprit et se mélangeaient.

Il avait très envie de texter Camille, malgré sa demande de ne plus la contacter.

Il se connecta sur le compte de BaconImpact et vit qu'elle était en ligne. Il lui écrivit un simple « Salut » et attendit.

Elle ne lui répondit pas. Quinze minutes plus tard, il se déconnecta, déçu. Il pivota sur sa chaise et s'adressa à son ami :

— Veux-tu aller manger ?

Benji, qui venait de lancer la balle, la reçut en plein front. Alex éclata de rire, ce qui dissipa un peu la tension dans ses épaules.

— J'ai faim, approuva Benji en se massant le front. Allons-y.

Alex se remit au travail après le souper, se demandant ce que son père pouvait bien faire en ce moment. Où se trouvait-il ? Pensait-il à lui ?

Une boule dans la gorge, il continua sans relâche, longtemps après que Benji se soit mis à ronfler bruyamment derrière lui.

14

— C’est terminé !

Benji se leva d’un bond et rejoignit Alex en deux enjambées. Il fixa les écrans, la bouche ouverte, éberlué.

— Tu y es parvenu !

Alex emprunta un ton faussement offensé.

— Tu en doutais ?

— Un peu !

Alex lui donna un coup d’épaule et Benji se mit à improviser quelques pas de danse pour célébrer l’événement.

Les vacances des fêtes étaient commencées et ils avaient passé deux jours entiers à bûcher sur le logiciel, sous l’œil soupçonneux de la mère d’Alex, qui se demandait ce qu’ils pouvaient bien fabriquer. Alex avait finalement réussi à la convaincre qu’ils jouaient en ligne et elle s’était montrée moins insistante.

Alex enregistra le programme qu'il baptisa Parazit sur une clé USB, et il siffla de satisfaction en la glissant dans sa poche.

— Il ne me reste plus qu'à donner tout ça à Calvin et le tour est joué.

— C'est super, tu vas enfin savoir où est ton père, le conforta Benji avec un large sourire.

— Oui, et les choses vont enfin redevenir comme avant… Si tout se passe comme prévu.

Il regarda par la fenêtre, songeur. La neige s'était accumulée et la température avait chuté au cours des derniers jours.

— Qu'est-ce que tu fais demain ? demanda Alex à son ami.

Benji le regarda, perplexe.

— Demain, c'est Noël, l'as-tu oublié ?

Alex resta interdit un instant, puis il bafouilla :

— Euh… non. Je voulais justement savoir ce que tu faisais pour les fêtes.

— Je vais dans ma famille à la campagne pour une semaine. As-tu quelque chose de prévu ?

Benji avait déjà l'air désolé et Alex inventa n'importe quoi pour que son ami ne le prenne pas en pitié. Il n'avait pas abordé ce sujet avec sa mère et n'avait aucune idée de ce qui était au programme.

— Oui, ma mère va faire un souper de Noël et on ira voir sa famille ensuite, inventa-t-il précipitamment.

Benji enfila son manteau. Avant de partir, il ajouta :

— Tu devrais venir dans ma famille pour les fêtes. Après quelques verres, mon oncle André danse sur les tables, c'est vraiment drôle.

— Merci, mais je vais rester avec ma mère. De toute façon, il faut que je rencontre Calvin.

— D'accord, je t'appelle en revenant.

Ils se tapèrent dans la main et Benji sortit dans le froid.

Aussitôt, Alex prit son cellulaire et texta Calvin :

« J'ai ton paquet. »

La réponse ne tarda pas :

« Demain, chez moi, 10 heures. »

« OK. »

Ariane était déjà partie à son voyage de ski et il lui avait souhaité de bonnes vacances. Il se demanda ce que Camille faisait pour Noël. Il descendit au sous-sol et écouta un film sur lequel il s'endormit.

À son réveil le lendemain, il prit une douche, mangea deux toasts au beurre d'arachides et laissa une note à sa mère pour l'aviser qu'il partait voir un ami. Il s'habilla chaudement et sortit. Le froid était saisissant et Alex enfonça sa tuque sur sa tête en attendant l'autobus. Il se réchauffa les mains en les frottant l'une contre l'autre, et rentra sa tête entre ses épaules en sentant un frisson le parcourir.

Il arriva chez Calvin à l'heure convenue et n'eut pas besoin de frapper, celui-ci l'attendait déjà dehors.

— Ça y est ?

— Oui, tout est là, confirma Alex en lui tendant la clé USB. J'ai ajouté un document qui explique comment utiliser le programme Parazit.

— Parfait.

Calvin regardait la clé comme s'il s'agissait d'un lingot d'or.

— Et mon argent ? l'interrogea Alex en levant un sourcil.

— Tu l'auras dès que les associés de mon père se seront assurés que Parazit fonctionne.

Alex hocha la tête, puis demanda :

— Comment vas-tu leur transmettre le logiciel ?

— Je vais leur envoyer par courriel.

— Je t'ai inclus une procédure pour que tu puisses utiliser une adresse électronique cryptée. C'est important, car personne ne doit tomber sur ce programme. Ensuite, tu détruiras la clé USB. L'anonymat est essentiel dans cette opération.

— Très bien.

— Je suis sérieux, insista Alex. Personne d'autre ne doit mettre la main sur ce logiciel.

— Oui, d'accord, lâcha Calvin, agacé, avant de rentrer chez lui.

Alex s'éloigna. Il avait hâte de retrouver la chaleur de sa maison. En chemin, il remarqua les décorations de Noël qui embellissaient la ville. Il se surprit à sourire et à se laisser gagner par l'esprit des fêtes. Il allait bientôt savoir où son père se trouvait et il pourrait l'aider. Cette idée lui fit chaud au cœur.

À son arrivée chez lui, il tomba nez à nez avec sa mère qui descendait une grosse valise dans le portique.

— Tu vas quelque part ? lui demanda Alex en retirant son manteau.

— Oui. Je dois partir.

Alex, qui accrochait son manteau à la patère, arrêta son geste.

— Quoi ? Tu t'en vas ?

— Oui, mon grand, je suis désolée. Une urgence me tombe dessus. Une compagnie avec laquelle j'ai un contrat doit fermer son année fiscale et ils ont de gros problèmes là-bas…

— Maman… c'est Noël, l'interrompit Alex.

— Je… je m'excuse, balbutia-t-elle, gênée. Je viens tout juste de l'apprendre et je ne peux pas refuser. J'ai des obligations, tu comprends ?

Alex laissa tomber son vêtement sur le sol et s'en alla au salon d'un pas rageur.

— Tu sais que mon travail est très exigeant, Alex, tenta-t-elle de se justifier en le suivant. Je n'ai pas le choix.

Il fit volte-face.

— C'est No-ël ! cria-t-il en détachant chaque syllabe. C'est ici que tu devrais être.

Alex faillit ajouter : « Ne me laisse pas tout seul », mais il se retint. Il posa ses yeux partout autour de lui, puis il pointa un coin vide de la pièce.

— Il devrait y avoir un sapin là, avec des décorations et… je ne sais pas moi, des bas de Noël au-dessus du foyer.

Sa mère semblait au bord des larmes, ce qui rendit Alex encore plus furieux. Il avait l'impression qu'elle le regardait avec le même air de pitié qu'il avait vu dans les yeux de Benji la veille.

— Ça devrait sentir les biscuits ou la dinde ! enchaîna-t-il en pointant la cuisine. Il n'y a jamais rien à manger ici…

— Arrête.

Le ton de sa mère, presque suppliant, était néanmoins empreint d'autorité. Elle ne savait visiblement pas comment réagir.

— Alex…

Elle fit un pas en avant, lui recula, la défiant du regard.

— Je dois partir, je vais manquer mon vol, lâcha-t-elle dans un souffle. Je suis vraiment désolée. Nous en reparlerons à mon retour, d'accord ?

Alex avait l'impression d'avoir reçu une massue en plein visage. Pour toute réponse, il se contenta d'un haussement d'épaules.

Mal à l'aise, Madeleine empoigna sa valise et, après un dernier regard derrière elle, franchit la porte. Alex entendit le moteur vrombir un instant avant que la voiture s'éloigne dans la rue.

Abattu, il s'affala sur le divan. Le silence lui bourdonnait dans les oreilles. Il fixa le vide.

D'habitude, il allait chercher un arbre de Noël avec son père. David le prenait toujours trop gros et Alex passait son temps à faire tomber des décorations. Malgré tout, il adorait regarder l'immense sapin avec ses lumières qui clignotaient doucement. Son père faisait jouer des classiques de Noël qu'ils écoutaient en préparant le réveillon.

Camille venait souvent les rejoindre en fin de soirée avec un modèle de maison en pain d'épices. Elle insistait pour qu'Alex assemble les morceaux avec elle et il finissait par céder, pour ensuite manger tous les bonbons destinés à la décoration. Cela se concluait avec du crémage partout sur leur visage et dans leur ventre trop plein.

Ils passaient la soirée à rire et à s'amuser, pour ensuite s'endormir en regardant un film de Noël qu'ils avaient déjà vu une centaine de fois. Le lendemain, Alex et son père se levaient tôt pour aller faire de la planche à neige et souvent, Benji les accompagnait.

Alex se remémora tout ça pendant que le soleil se couchait, le laissant dans le noir. Il finit par se traîner à la cuisine. Il mit un plat congelé au micro-ondes, qu'il mangea sans appétit, au bout du comptoir.

Il sortit son portable et continua ses recherches sur ADNchaos. Il était peu efficace, les visages de Camille, d'Ariane, de Benji, de sa mère et de son père s'entremêlant dans sa tête. Il fixa son cellulaire en ayant envie d'appeler Camille, puis il ouvrit l'application de notes et inscrivit :

« Joyeux Noël, Camille, xxx »

Si elle espionnait encore son cellulaire, elle verrait le message.

Il mit de la musique pour masquer le silence qui l'enveloppait, monta le volume et joua à un jeu vidéo sur son ordinateur jusqu'à en avoir le cerveau en compote.

15

Alex passa les deux jours suivants dans l'attente. Grâce à son système d'espionnage, il surveillait les activités de Calvin à la trace. Chaque conversation téléphonique était enregistrée et tout ce que les membres de sa famille faisaient sur leurs ordinateurs était aussitôt sauvegardé sur un programme qu'il pouvait consulter à sa guise. Calvin n'avait pas tardé à remettre le logiciel Parazit aux associés de son père en utilisant le courriel crypté, comme Alex le lui avait demandé. Ceux-ci étaient présentement en train de démarrer Parazit. Alex avait inséré une alerte dans son programme, qui lui indiquait si quelqu'un le mettait en marche.

À la fin de la deuxième journée, il intercepta une conversation qui le surprit et qui déclencha un signal d'alarme dans sa tête. Quand le téléphone chez Calvin sonna, Alex reconnut avec étonnement la provenance du numéro affiché et mit son oreillette pour écouter.

— Oui, allô ?

— Calvin, c'est Ariane. Comment vas-tu ?

Il y eut un silence, puis Calvin répondit d'un ton froid :

— Bien, et toi ?

— Ça va. Tu ne réponds pas à mes messages textes ?

— J'étais occupé.

— Bon…

Ariane se racla la gorge, puis enchaîna :

— As-tu vu Alex durant tes vacances ?

— Oui, avant Noël.

— Alors votre projet a fonctionné ?

Sa voix, qui se voulait enjouée, était peu convaincante. Calvin parut avoir décelé la même chose qu'Alex, car il mit un moment avant de répondre évasivement :

— Oui, si on veut.

— Tant mieux. J'ai oublié mon foulard chez toi au dernier party. Est-ce que je pourrais passer le chercher ?

— Euh… oui, d'accord.

— Super, j'arrive !

Elle raccrocha avant de laisser le temps à Calvin de changer d'idée.

Alex recula l'enregistrement et écouta à nouveau la conversation. Pourquoi Calvin était-il si distant ? Et Ariane, qui dégageait habituellement beaucoup d'assurance, semblait nerveuse.

Il prit son cellulaire et texta Ariane :

« Salut ! J'ai hâte de te voir, es-tu revenue de ton voyage de ski ? »

La réponse arriva aussitôt :

« Oui, c'était super ! Moi aussi, j'ai hâte de te voir. »

« Qu'est-ce que tu fais ? »

« Rien, je reste chez moi aujourd'hui. Je suis fatiguée. »

Alex regarda le message, les sourcils froncés.

« OK, à bientôt. »

Camille avait raison : Ariane lui mentait. Il n'arrivait pas à s'expliquer pourquoi.

Un petit « bip » venu de son ordinateur dévia son attention. Calvin venait de recevoir un courriel des associés de son père lui annonçant que le programme fonctionnait et que l'argent lui serait versé rapidement. Ils le félicitaient pour son travail et lui promettaient qu'il allait bientôt avoir une belle place au sein d'EXO.

Calvin écrivit la nouvelle à Alex, qui se dépêcha de lui fixer un rendez-vous pour le paiement.

Le jour suivant, Alex se rendit dans un café d'une rue achalandée. Calvin arriva dix minutes en retard et rejoignit Alex qui s'était assis à une table, un peu en retrait, un chocolat chaud double crème fouettée devant lui. Alex remarqua tout de suite que quelque chose n'allait pas.

Calvin, les traits tirés, était stressé.

— Ça va ? lui demanda Alex, alors que l'autre prenait place devant lui.

Calvin hocha la tête, les yeux bouffis et les dents serrées.

Alex se pencha vers lui.

— Qu'est-ce qui se passe ? insista-t-il en le fixant gravement.

— Rien, dit Calvin en réussissant à afficher un sourire, c'est juste que je n'ai pas dormi la nuit dernière. Je suis anxieux, tu comprends ? C'est très important pour moi d'être admis dans leur groupe.

— Justement, tout se déroule bien, non ? Pourquoi fais-tu cette tête d'enterrement ?

Calvin sortit un bout de papier de sa poche et le déposa sur la table.

— C'est pour cette raison que tu es venu ici, s'impatienta-t-il en tentant de changer de sujet. Ce papier t'indique le numéro d'un compte de banque en Suisse et le mot de passe pour que tu puisses effectuer le virement dans le compte de ton choix.

Quand il se leva pour partir, Alex l'attrapa par le bras.

— Si quelque chose ne va pas et que cela concerne le travail que j'ai fait pour toi, tu dois m'en parler.

Calvin évita le regard d'Alex, puis il secoua la tête. Il sortit précipitamment, sans avoir commandé quoi que ce soit. Alex l'observa qui s'éloignait.

Songeur, il prit son cellulaire et se connecta au réseau de Calvin. Il analysa tout en détail.

Rien.

Calvin n'avait reçu aucun message ou appel qui aurait pu causer ce trouble. Alex aurait peut-être dû creuser un peu plus, mais il était trop excité ; il était sur le point d'obtenir ce qu'il désirait depuis si longtemps ! Rien d'autre ne comptait pour lui en ce moment.

Il sortit son ordinateur portable de son sac à dos et, grâce aux informations remises par Calvin, il put virer les fonds dans un compte qu'il avait préalablement ouvert dans un autre pays, sous une fausse identité, afin de ne pas laisser de traces de cette transaction.

Ensuite, le cœur battant, il composa sur son cellulaire le numéro de MikeSmith qui allait pouvoir le mettre en contact avec le membre d'ADN-chaos. Sa main tremblait légèrement lorsqu'il colla le téléphone sur son oreille. C'était la première fois qu'il s'adresserait directement à cet homme.

Après deux sonneries, une voix masculine répondit.

— Je peux rencontrer le Renard, commença Alex qui utilisait le langage codé préétabli. J'ai ce qu'il faut.

Il y eut un silence, puis l'homme parla.

— Je vais le faire sortir de son terrier. Tu seras bientôt contacté.

Il raccrocha.

Alex se passa une main sur le visage, fébrile. Il avait hâte que toute cette histoire soit derrière lui. Il termina son chocolat chaud, observant les gens qui discutaient joyeusement autour de lui. Il enviait leur tranquillité.

En rentrant chez lui, il constata avec surprise que la voiture de sa mère était garée dans l'allée. Quand il ouvrit la porte, une agréable odeur de dinde envahit ses narines. Dans le salon, un petit sapin de Noël joliment décoré était apparu à côté du foyer où un feu se consumait doucement. Il alla à la cuisine et découvrit sa mère aux fourneaux. Elle portait un tablier et des mitaines de four. Le comptoir ressemblait à un champ de bataille. Des ustensiles et des bols sales s'empilaient un peu partout.

— Salut, Alex, dit-elle avec un sourire gêné. J'ai réussi à me libérer plus tôt et je me suis dit… enfin, qu'on pourrait se faire un souper de fête, toi et moi. Je sais que Noël est passé, mais…

Elle s'arrêta, nerveuse, anticipant la réaction de son fils.

Ce dernier regarda autour de lui. Elle avait fait des efforts. Une énorme dinde cuisait dans le four. Elle avait de la farine dans les cheveux et sur le nez, ce qui l'attendrit. Tout à coup, il sentit sa colère fondre comme neige au soleil.

Il prit place sur le tabouret.

— C'est une bonne idée… maman. Qu'est-ce que je peux faire pour t'aider?

Elle sourit et ses épaules se relâchèrent.

— Je t'ai fait les biscuits que tu aimes tant. Il reste juste à les mettre sur la plaque.

Alex s'exécuta et s'appliqua à bien lécher toute la pâte sur le fouet, comme quand il était petit.

Pour une fois, sa mère ne fit pas allusion à son père pendant le souper. Alex lui parla de Camille et d'Ariane, et elle l'écouta attentivement, sans porter de jugement. Il lui raconta des anecdotes sur Benji et elle rit de ses histoires.

Ce soir-là, quand il alla se coucher, son cœur était un peu plus léger.

16

La sonnerie de son téléphone tira Alex du sommeil.

— Allô, répondit-il d'une voix pâteuse.

— Le Renard va te rencontrer aujourd'hui, à midi.

Alex se redressa dans son lit, parfaitement réveillé.

— À quel endroit ?

L'homme lui donna une adresse, au beau milieu du centre-ville, sur une rue très passante.

— Une dernière chose, le Renard… il est parano, alors soit prudent.

— D'accord, merci, répondit Alex avant de raccrocher.

Trop énervé pour se rendormir, il se leva et attendit avec impatience l'heure du rendez-vous. Il arriva à l'endroit indiqué avec beaucoup d'avance et se plaça en retrait, le dos contre le mur de briques d'un édifice. Le temps s'était adouci et il enleva sa tuque. Il décida de fermer son cellulaire pour ne pas être dérangé pendant la rencontre. Son intuition lui soufflait qu'il n'aurait pas de difficulté à reconnaître le Renard.

L'homme qui vint vers lui marchait d'un pas nerveux en balançant les bras. Dans la fin de la trentaine, des cheveux gras lui tombaient sur le visage. Il jetait sans cesse des coups d'œil nerveux tout autour.

Alex attendit qu'il passe devant lui pour glisser à voix basse :

— Je suis Chip.

Le Renard sursauta et le dévisagea longuement, au point qu'Alex se demanda s'il ne s'était pas trompé, jusqu'à ce que l'autre marmonne :

— Suis-moi et sois sur tes gardes. Il faut semer ceux qui nous espionnent.

— Euh... OK.

Alex lui emboîta le pas et ils arpentèrent longtemps les rues en silence. Alex, qui avait chaud dans son manteau, doutait qu'ils soient suivis. Il se plia tout de même aux exigences du Renard pour ne pas le vexer. Après d'interminables détours, l'homme s'arrêta enfin dans une ruelle aux murs couverts de graffitis. De vieux déchets pris dans la glace jonchaient le sol tout autour d'eux. L'homme se retourna brusquement et fixa Alex d'un air grave.

— Tu es de la police ?

— Non, répondit Alex, décontenancé.

— Si tu me mens et que tu travailles pour eux…, menaça le gars en pointant un doigt sur lui.

— J'ai seize ans ! se défendit Alex pour essayer de lui faire comprendre le ridicule de la question.

— D'accord, concéda ce dernier en regardant toujours à la ronde. On n'est jamais trop prudent. Si tu savais de quoi ils sont capables, toi aussi tu te méfierais. Qui veux-tu retracer chez ADNchaos, déjà ? l'interrogea-t-il à voix basse.

Alex essayait de ne pas fixer la bouche de l'homme, agitée de tics nerveux.

— Le gars qui porte le pseudonyme de BryanAdams678, articula-t-il lentement, il a piraté une compagnie de cartes de crédit il y a quelques semaines.

L'homme branlait la tête en continuant de mâcher sa langue et lâcha :

— J'espère que tu sais ce que tu fais.

— Je ne lui veux pas de mal, je veux l'aider ! affirma Alex en perdant patience.

— Alors, tu es fou. Si tu veux un conseil, tiens-toi le plus loin possible de ce groupe, ajouta le gars en lissant ses cheveux gras d'une main.

— Merci, mais je sais ce que je fais.

— Comme tu veux. Je risque moi-même énormément, sauf que j'ai besoin de cet argent. Je dois les quitter – l'homme se mit à se ronger les ongles – et, crois-moi, ce n'est pas facile de semer ADNchaos. As-tu mon fric ?

— J'ai la moitié du montant, comme convenu, lui rappela Alex en lui tendant la clé USB qui contenait les informations sur le compte bancaire. Tu auras l'autre moitié quand tu m'auras donné ce que je veux.

L'homme dodelina de la tête en prenant la clé, puis, sans prévenir, il saisit Alex par le col de son manteau et le plaqua contre le mur.

— Je voulais te voir pour me souvenir de ton visage, grogna le Renard. Maintenant, on est dans le même bateau. Si tu me dénonces ou si tu me fais faux bond, je te retrouverai.

Alex, qui était plus grand que l'homme, se dégagea d'un coup d'épaule.

— Écoute-moi bien, tu as une seule chose à faire : localiser BryanAdams678. Ensuite, je te donnerai ton argent et tu disparaîtras où tu veux, ce ne sera plus mon problème. Par contre, si tu ne respectes pas notre entente, je te dénoncerai à ADNchaos sans hésiter. Suis-je bien clair ?

Le Renard jaugea Alex du regard, puis il hocha la tête et lui tendit la main. Alex la serra et l'homme s'éloigna d'un pas vif sans rien ajouter.

Alex remarqua alors qu'une voiture s'était immobilisée au bout de la ruelle. Les vitres étaient teintées. Du coup, il ne pouvait pas discerner le conducteur. Il partit dans la direction opposée en marchant rapidement tout en se demandant s'il ne devenait pas parano lui aussi.

Quelques coins de rue plus loin, il s'arrêta et ouvrit son cellulaire. Aussitôt, son appareil se mit à vibrer pendant qu'une série d'alertes apparaissaient sur son écran. Alex fit défiler les textos de Calvin qui le pressait de le rappeler au plus vite. Il lui avait aussi laissé plusieurs messages vocaux.

De plus en plus perplexe, il consulta les alarmes et son cœur fit un bond. Tout le sang se retira de son visage et il sentit le sol se dérober sous ses pieds.

— Non, non, non…

L'alerte qui l'avertissait que son programme était activé venait de se déclencher. Il regarda la cible de l'attaque et constata avec une panique croissante que Parazit avait été utilisé afin de pénétrer le site Internet… de la GRC !

Son logiciel était donc, en cette minute même, en train de s'en prendre à un corps policier – et il tentait de supprimer de leur site toutes les informations reliées aux associés d'EXO. Comme Parazit n'était pas conçu pour pirater la GRC, la police allait rapidement repérer le programme et rechercher les coupables.

Alex pianota sur son écran pour essayer d'en apprendre plus. Il était limité par son cellulaire. Il lui fallait accéder à son portable au plus vite. Il s'en voulait atrocement de ne pas l'avoir apporté.

Il rangea son téléphone dans sa poche et s'élança au pas de course. Il contourna les gens sur les trottoirs mal déneigés et continua de courir, même lorsqu'il fut à bout de souffle.

Son cellulaire sonna et il répondit tout en gardant la cadence. À l'autre bout de la ligne, un Calvin hors de lui vociféra dans son oreille :

— Tu m'as tendu un piège !

— Quoi ? C'est ton groupe qui a envoyé mon programme contre la GRC. À cause de vous, la police va remonter jusqu'à moi.

— Mon père et tous ses associés sont dans le pétrin ! hurla Calvin. Ils disent que c'est de ta faute ! La GRC les a contactés et ils vont sûrement se faire arrêter.

— Calme-toi. Je ne suis pas responsable de tout ça. Tu oublies que je t'ai remis le logiciel !

— Pourquoi j'aurais attaqué la GRC ? Je ne suis pas stupide !

— Moi non plus.

Au bord du désespoir, Calvin cherchait un coupable à tout prix.

— Ils vont me tenir pour responsable et ils vont me faire payer, gémit Calvin. Ma vie est finie...

— C'est moi qui vais aller en prison pour avoir piraté la GRC ! explosa Alex.

— Alors tu avais juste à ne pas me trahir !

— Je t'ai dit que ce n'était pas moi !

Un silence frustré s'installa.

— Je vais essayer d'arranger ça, mais ce ne sera pas facile, lâcha Alex. Je ne te promets rien.

— Dépêche-toi de te mettre à l'ouvrage, parce que je n'hésiterai pas à te faire couler avec nous.

— Ne parle à personne, rétorqua Alex en ignorant la menace. Attends que je te contacte.

Calvin grommela une réponse inaudible pendant qu'Alex raccrochait. Il devait avoir accès à un ordinateur au plus vite. Camille n'habitait pas très loin. Alex décida d'ignorer le fait qu'elle ne lui parlait plus. Il voulait la mettre au courant de ce qui se passait. C'était trop grave.

Bien qu'il ait réussi à concevoir Parazit de façon à ce que ce soit extrêmement difficile d'en identifier l'auteur, la GRC, grâce à ses gigantesques ressources, saurait certainement remonter jusqu'à lui.

Il arriva enfin chez Camille et tambourina contre la porte. Elle lui ouvrit avec de grands yeux ronds et il entra en lui demandant sans préambule si ses parents étaient présents.

— Non, ils travaillent, répondit-elle en regardant Alex s'agiter. Qu'est-ce qui se passe ? Ça ne va pas ?

Sans prendre le temps de lui répondre, Alex se rendit dans la chambre de Camille, s'assit à son bureau, alluma l'ordinateur et accéda à ses courriels. Il ouvrit le lien qui lui donnait accès aux activités de Parazit et tourna l'écran vers son amie.

— Il se passe ça.

Camille blêmit en comprenant de quoi il s'agissait.

— Je sais que tu ne voulais pas que je te contacte, s'excusa Alex d'une voix adoucie, seulement tu es la seule personne à qui je peux en parler.

Camille le dévisagea, puis elle hocha la tête.

— Tu as bien fait de venir. Est-ce que la GRC sait déjà que tu es derrière tout ça? le questionna-t-elle, une crainte dans la voix.

— Pas encore, mais ce n'est sûrement qu'une question de temps.

— Pourquoi les gens d'EXO auraient-ils lancé ton logiciel contre la GRC?

— Je l'ignore, avoua Alex, dépassé par les événements. Calvin me jure qu'ils n'y sont pour rien. En fait, ils sont convaincus que je suis le responsable.

— Ça n'a pas de sens, observa Camille en se rongeant l'ongle du pouce, signe qu'elle réfléchissait intensément. Penses-tu qu'Ariane, elle, y est pour quelque chose?

— Ariane? répéta Alex, surpris. Je ne vois pas pourquoi elle serait liée à tout ça.

— Je compte bien faire des recherches là-dessus, conclut-elle d'une voix déterminée, mais pour l'instant, on doit se concentrer pour découvrir ce qui s'est passé.

— Je n'y comprends plus rien.

— Il doit bien y avoir un moyen d'effacer tes traces…

Elle se leva et se mit à faire les cent pas. Alex secoua la tête, découragé.

— J'ai déjà examiné toutes les hypothèses. La GRC est trop forte et on manque de temps. Je n'arriverai jamais à déjouer leurs défenses.

— Il doit y avoir une solution !

— En fait, il y en a une…

Camille le regarda gravement.

— Si tu envisages…

— Je n'ai pas le choix. Je dois demander à ADNchaos de m'aider.

17

— N’y pense même pas ! s’objecta Camille, paniquée.

— C’est le seul moyen de me sortir de cette situation, argumenta Alex.

— Même si tu voulais leur demander de l’aide, tu ne saurais pas comment les contacter, affirma-t-elle d’une voix tranchante.

Alex accusa le choc en silence.

En effet, il ne savait pas comment son père était entré en contact avec eux. Le Renard n’accepterait jamais de l’aider à joindre ANDchaos ; il était trop parano et il croirait qu’Alex tente de le trahir.

Camille s’assit face à lui.

— Ton père l’a fait et regarde où ça nous a menés.

— Je sais, tu as raison.

Spontanément, elle tendit la main et toucha le visage d’Alex. Elle était contente qu’il soit venu la retrouver, quoiqu'elle se sentait impuissante devant l'ampleur du problème.

— Il ne me reste qu'une chose à faire, lâcha Alex d'une voix brisée. Je dois me livrer à la police.

— Quoi ? Non…

— Je n'ai pas le choix. Tôt ou tard, les enquêteurs vont découvrir que c'est moi la source du problème. En me rendant maintenant, j'ai une chance de m'en sortir avec moins de conséquences. Si j'avoue mes torts, la punition sera moins grande et ils pourront peut-être me protéger d'EXO. Tu sais le sort que la GRC réserve aux pirates informatiques.

Évidemment, Camille était au courant. Ce n'était un secret pour personne que la GRC se montrait implacable envers ceux qui l'attaquaient. Elle n'attendrait pas les explications d'Alex. Elle révélerait son identité à la population en le faisant passer pour un monstre dangereux pour la société ; elle s'appliquerait à détruire sa réputation afin de calmer les ardeurs des autres pirates informatiques ; elle lui interdirait d'utiliser un ordinateur pendant des années et s'arrangerait pour qu'il fasse de la prison. Elle serait sans pitié.

Si Alex se rendait lui-même à la police, il pourrait au moins leur montrer qu'il avait des remords. Oui, ils seraient sûrement plus conciliants ainsi.

Alex était résigné et Camille comprit qu'aucun des arguments qu'elle pourrait avancer ne le ferait changer d'avis.

— Il est temps que je prenne mes responsabilités, soupira-t-il en posant ses deux mains sur ses genoux. J'aurais dû le faire bien avant. Cette fois-ci, je ne laisserai personne prendre le blâme à ma place.

Elle aurait voulu lui dire que tout allait bien se passer, mais les mots restèrent bloqués dans sa gorge. Alex ferma l'ordinateur avec des gestes lents. Camille l'accompagna jusqu'à la porte et l'étreignit de toutes ses forces.

Alex la serra contre lui en fermant les yeux. Le réconfort qu'il en éprouva se dissipa aussitôt qu'il la laissa.

— Souhaite-moi bonne chance.

Elle réussit à esquisser un léger sourire.

— Tu m'appelles quand tu peux ?

Alex fit oui de la tête, puis sortit.

Dehors, le soleil déclinait déjà. Le temps était encore clément et Alex n'attacha pas son manteau. Il consulta son cellulaire et trouva l'adresse du poste de police principal du centre-ville. Il prit l'autobus pour y aller et regarda obstinément ses pieds tout au long du trajet. Angoissé, il appréhendait son arrivée au poste. Son cerveau passait en revue diverses options, toutes plus farfelues et inefficaces les unes que les autres.

Il ne cessait de se demander pourquoi son logiciel avait été utilisé contre la GRC. Il lui paraissait maintenant improbable que les membres d'EXO aient lancé cette attaque. Il ne comprenait pas ce qui avait pu se produire.

Il prit son téléphone et texta Calvin :

« Si tu ne l'as pas détruite, j'aurais besoin que tu me redonnes la clé USB qui contient mon logiciel. »

Il ne voulait pas que Calvin garde une copie de son programme.

Alex arriva au poste, beaucoup trop rapidement à son goût. Il se dirigea vers la réception où une policière en uniforme l'accueillit. Derrière elle, des employés s'affairaient dans plusieurs bureaux. Il y avait beaucoup de bruit de conversations et des sonneries de téléphone retentissaient sans arrêt de tous les côtés.

— Que puis-je pour vous ? demanda la policière d'un ton placide en le regardant par-dessus ses lunettes.

— J'aimerais voir l'inspecteur en charge des crimes informatiques.

— Avez-vous rendez-vous ?

— Non…

— Alors vous devez prendre rendez-vous.

— Madame, je dois voir l'inspecteur maintenant. J'ai des informations importantes à lui communiquer à propos d'un piratage informatique.

La femme le toisa d'un air qui voulait dire: « Voulez-vous rire de moi ? » et Alex crut qu'il n'arriverait jamais à la convaincre. Elle poussa un soupir et lui montra une chaise dans un coin de la pièce.

— Assoyez-vous là, jeune homme. Je vais voir s'il peut vous recevoir.

Alex prit place et attendit. Il se sentait comme un animal qu'on envoie à l'abattoir.

Après le départ d'Alex, Camille s'affaira à nettoyer sa chambre pour se changer les idées. Soudain, elle s'aperçut qu'elle tenait le chiffon dans ses mains depuis plusieurs minutes sans avoir bougé. Elle lança le linge sur son bureau et se mit à faire les cent pas, comme chaque fois qu'elle était contrariée.

Revenus du travail, ses parents préparaient le souper au rez-de-chaussée. Elle avait l'impression de se trouver à des kilomètres d'eux, l'esprit complètement absorbé par le dilemme qui la rongeait.

Elle avait laissé son meilleur ami partir sans l'aider. Elle était restée les bras croisés sans rien tenter ! D'un coup de pied, elle envoya voler un coussin au fond de la pièce.

Elle se trouvait lâche. Sa conscience n'était pas tranquille.

Son ordinateur émit une série de « bips », lui indiquant que la personne qu'elle suivait à la trace depuis quelques jours – dans ce cas-ci, le copain d'une amie qui le soupçonnait d'infidélité – était en mouvement. D'habitude, elle aurait tout laissé tomber pour noter les allées et venues de sa cible, mais cette fois-ci, elle ne bougea pas.

Le soleil s'était couché et sa chambre était maintenant plongée dans la pénombre. Elle alluma la lampe sur son bureau et posa ses deux mains à plat sur la surface lisse.

Elle avait menti.

À la vérité, elle savait comment contacter ADNchaos.

Camille n'avait rien dit à Alex parce qu'elle ne voulait pas qu'il aille se jeter dans la gueule du loup. À présent, elle n'était plus certaine d'avoir pris la bonne décision. Elle devait le sauver, et tant pis pour les conséquences.

Elle saisit son cellulaire et évalua le temps qu'il lui restait. La GRC n'allait pas tarder à découvrir qui était l'auteur de Parazit. Et à l'heure qu'il était, son ami devait être au poste de police. De toute façon, ADNchaos agirait rapidement… puisqu'ils la connaissaient déjà.

Si Camille les appelait à l'aide, le prix à payer en échange de leurs services serait élevé. Mais Alex aurait fait la même chose pour elle.

Elle se mordit la lèvre jusqu'à sentir le goût métallique du sang dans sa bouche. Elle avait l'impression de se trouver au bord d'un précipice, attendant de se laisser tomber dans le vide.

Elle se redressa. Sa décision était prise : elle était prête à sauter.

Camille sortit de sa chambre, descendit l'escalier, enfila son manteau et avertit ses parents qu'elle sortait voir une amie.

Maintenant que le soleil était couché, le froid était plus mordant et elle remonta son capuchon rouge sur ses cheveux blonds. Elle monta dans un autobus qui l'amena jusqu'aux confins de la ville et la déposa dans une rue déserte au beau milieu d'un vieux quartier industriel. Le chauffeur, perplexe, lui demanda si elle était certaine d'être au bon endroit et elle hocha la tête avec détermination.

Elle marchait d'un pas résolu, les lampadaires éclairant faiblement sa silhouette rouge en faisant tourner son ombre autour d'elle. Des pages de vieux journaux volaient à ses côtés, fouettées par le vent. De grands entrepôts abandonnés la surplombaient de part et d'autre. Aucune voiture ni aucun passant ne croisèrent son chemin. Seul le son de ses talons résonnait sur la chaussée trempée. Une odeur de déchets pestilentielle lui parvenait, lui faisant froncer le nez.

De la buée sortait de sa bouche à chacune de ses expirations. Elle serra ses bras autour d'elle pour se donner du courage.

Elle arriva à un vieil entrepôt désaffecté en briques grisâtres, dont plusieurs fenêtres cassées étaient bouchées avec du carton. Elle le contourna et se rendit devant une grosse porte en métal, sur le côté de l'édifice.

Camille prit une grande inspiration. Voilà, elle y était. Le repaire d'ADNchaos était là, derrière cette porte. Elle leva le poing et frappa trois fois contre le métal froid.

La porte s'ouvrit en grinçant et un profil se dessina dans l'embrasure. Un homme à la carrure imposante s'avança. Il avait la tête rasée et ses bras, aussi gros que des troncs d'arbres, étaient couverts de tatouages.

— Tiens, tiens, je crois que le petit chaperon rouge s'est perdu. Tu cherches le grand méchant loup ?

— Je viens voir l'homme au chapeau melon, récita Camille qui avait mémorisé le code secret.

Le type la jaugea avec suspicion et les battements de cœur de Camille s'accélérèrent. Elle espéra que son visage ne trahissait pas sa nervosité.

— Tiens donc… une poupée blonde aux yeux noirs qui connaît le code, la nargua-t-il en croisant les bras sur son torse. Quel est le mot de passe ?

— Les sanglots longs des violons de l'automne murmurent que l'opération Neptune est lancée, articula-t-elle avec soin.

Le type gonfla ses muscles avec un air mauvais et Camille eut peur de s'être trompée. Elle se demanda si elle était mieux de s'enfuir avant qu'il ne l'attrape. Elle allait faire un pas en arrière quand il s'écarta pour la laisser passer.

— Tu peux entrer.

Le souffle court, elle avança. Les ténèbres l'enveloppèrent lorsque la porte se referma derrière elle dans un grincement lugubre.

18

Alex dut patienter longtemps dans la salle d'attente du poste de police avant qu'un agent daigne venir lui indiquer qu'on allait le recevoir dans une salle d'interrogatoire. Il avança d'un pas traînant, la tête entre les épaules.

Le policier le fit entrer et Alex prit place sur une des deux chaises en métal face à une table grise. Un grand miroir teinté se trouvait à sa gauche et deux caméras étaient fixées au plafond.

On le laissa seul encore une fois. L'attente était insupportable. Maintenant qu'il avait pris sa décision, il souhaitait que tout ça se termine au plus vite.

Il se frotta les yeux en poussant un soupir.

Soudain, son cellulaire vibra dans sa poche. C'était un message de Calvin :

« Je ne trouve plus la clé USB. »

Alex écarquilla les yeux.

« Cherche-la, je vais en avoir besoin. »

« Je l'avais laissée dans mon tiroir et elle n'y est plus », répliqua Calvin.

Alex soupira. Il comprit soudain pourquoi Calvin n'avait pas l'air dans son assiette la dernière fois qu'il l'avait vu. Il ne l'avait probablement plus en sa possession à ce moment-là. Alex sentit la colère monter en lui.

La porte s'ouvrit et un homme dans la quarantaine entra dans la pièce. Le policier tenait un gobelet de café dans une main et un calepin dans l'autre. Il s'assit face à Alex et sortit un stylo de sa poche.

— Alors, il semblerait que vous vouliez me parler d'un sujet de la plus haute importance ?

Le ventre d'Alex se crispa. Le moment était venu de tout avouer. Il espéra qu'il se sentirait mieux après.

— Oui, en effet, j'ai des choses à vous dire.

Alex toussa dans son poing. Il avait l'impression que les mots restaient coincés dans sa gorge.

— Commençons par le début, voulez-vous ? Je suis l'inspecteur Larivière. Comment vous appelez-vous ?

— Alex Bourdon.

L'inspecteur nota son nom dans son calepin.

— Alex, je vous écoute.

— Eh bien…

Le cellulaire d'Alex vibra. Il le regarda par réflexe, sûr que c'était encore Calvin.

Il se pencha sur son écran pour être certain d'avoir bien lu.

Le message venait d'un numéro inconnu :

« ADNchaos s'est occupé de votre problème. Tout est rentré dans l'ordre. Veuillez quitter le poste de police immédiatement. »

Alex leva un visage livide vers l'inspecteur qui remarqua tout de suite que quelque chose n'allait pas. Il étira le cou pour tenter de voir l'écran du téléphone. Alex le rangea dans sa poche et se leva d'un bond, manquant de faire tomber sa chaise.

— Je m'excuse, je… Je suis désolé de vous avoir fait perdre votre temps… c'était juste une blague. Un défi lancé par mes amis.

L'inspecteur l'observa d'un regard perçant, essayant de deviner s'il disait vrai.

— C'était stupide, je vais y aller.

Il se précipita vers la porte qui, à son grand soulagement, n'était pas verrouillée. Dans le couloir menant à l'extérieur, il n'osa pas se retourner pour voir si l'inspecteur le suivait.

Dehors, le vent frais qui giflait son visage lui donna l'impression de revivre. La neige tombait en gros flocons qui tourbillonnaient ; on aurait dit qu'ils ne touchaient jamais le sol.

Alex savait où aller. Il n'y avait qu'une seule personne qui pouvait rejoindre ADNchaos, quoiqu'il ne comprenait pas encore comment elle avait pu y arriver.

Alors qu'il se posait cette question, l'autre moitié de son cerveau continuait d'analyser le dernier message de Calvin.

Étrangement, il arriva en même temps que Camille devant chez elle. Il la reconnut de loin avec son manteau rouge. Elle marchait vers lui, et des larmes coulaient sur ses joues. Il courut jusqu'à elle et l'étreignit en la soulevant de terre.

— Pourquoi as-tu fait ça ? s'exclama-t-il, le visage enfoui dans ses cheveux. C'était dangereux, Camille.

— Je sais, murmura-t-elle en sanglotant. Tu aurais fait la même chose pour moi, non ?

Ils restèrent enlacés, ignorant les flocons qui tournoyaient autour d'eux.

— Ils t'ont laissée partir ? s'inquiéta soudain Alex en la regardant. Que leur as-tu promis en échange ?

— Je ne dois pas en parler.

— Pas à moi, chuchota Alex en prenant ses joues froides entre ses mains. Tu dois me le dire.

— Ils vont me contacter pour une mission. Je ne sais rien de plus.

Alex posa son front contre celui de Camille. Il aurait voulu l'emmener au bout du monde pour la mettre à l'abri. Il était hors de question qu'elle paie pour lui. Il se fit la promesse silencieuse de la protéger.

— Comment les as-tu contactés ?

— Ce n'est pas important. Ils ont supprimé les liens qui auraient permis à la GRC de remonter jusqu'à toi. Les associés du père de Calvin, eux, sont toujours dans la mire des enquêteurs. Ils vont se faire arrêter et ils risquent de te dénoncer.

— Je vais trouver une solution. J'avais tellement peur de t'avoir perdue…

Sans réfléchir, il approcha ses lèvres des siennes et l'embrassa. Elle répondit à son baiser et le monde cessa d'exister. Leurs problèmes, leurs peurs reculèrent dans l'ombre pour laisser la place à cet instant parfait.

Le téléphone d'Alex sonna, les ramenant à la réalité.

— Tu dois répondre, soupira-t-elle.

Alex regarda son cellulaire.

— C'est Calvin, je vais le rappeler.

— Tu veux entrer ? proposa-t-elle en le tirant par la main.

— Pas tout de suite, dit-il avec regret, j'ai des choses à régler d'abord.

— D'accord.

Alex se sentit devenir léger comme une plume, maintenant qu'il avait renoué avec Camille. Il n'avait pas réalisé à quel point ne pas la voir dans les dernières semaines avait été difficile. Maintenant qu'elle était là, devant lui, heureuse, il savait qu'il ne pourrait plus jamais se passer d'elle.

— Je vais bientôt revenir.

— Je vais t'attendre, promit-elle avant de monter les marches.

— Camille !

Elle se tourna vers lui ; ses grands yeux noirs contrastaient avec la neige qui tourbillonnait tout autour d'elle.

— Je ne te laisserai pas tomber. Ne t'inquiète pas.

— Je sais, Alex, répondit-elle avec une pointe de tristesse et de résignation dans la voix.

Elle était parfaitement consciente du danger auquel elle venait de s'exposer, mais elle le referait sans hésiter. Maintenant, qu'importe ce que l'avenir lui réservait, elle savait qu'elle pourrait compter sur lui.

19

Alex appuya sur la sonnette de la maison et attendit, les mains dans les poches. Ariane répondit, étonnée de le voir arriver chez elle à l'improviste.

— Alex ? Qu'est-ce que tu fais ici ?

Il dit avec un sarcasme non déguisé :

— Ça fait longtemps que je n'ai pas eu de nouvelles de toi. Je m'ennuyais. Tu es toute seule ?

— Oui, oui. Eh bien… entre.

Elle le laissa passer et il monta les marches menant à l'étage sans l'attendre. Il entra dans sa chambre et en fit le tour rapidement, pendant qu'elle l'observait, incertaine.

— Est-ce que ça va ?

— Je vais très bien. En fait, je crois que ça ne pourrait pas mieux aller.

Il la sentait de plus en plus anxieuse. La sonnerie du téléphone de la maison retentit. Elle répondit et mit sa main pour bloquer le combiné.

— Donne-moi un instant, je dois prendre cet appel. Je reviens.

Ariane sortit et il attendit qu'elle descende les marches pour se mettre à fouiller un peu partout.

Alex ouvrit les tiroirs de son bureau et en inspecta le contenu. Il trouva ce qu'il cherchait dans le dernier tiroir: la clé USB qu'il avait donnée à Calvin était là, posée sur une pile de feuilles. Il la prit au creux de sa main et la fixa pendant que ses neurones se mettaient en place.

Ainsi donc, Ariane avait volé le programme à Calvin. C'était probablement elle aussi qui avait attaqué la GRC avec son logiciel.

Sur la clé, il avait laissé un fichier qui contenait les instructions pour pirater un moteur de recherche. Ariane avait tout simplement appliqué les étapes en ciblant la GRC.

Alex fit rouler la clé dans sa main. Ariane devait pourtant savoir que le piratage échouerait. Quel était donc son but?

Il ne comprenait pas ce qui avait pu la pousser à commettre un acte illégal aussi grave.

Il avait l'impression que la réponse était là, quelque part, sans qu'il n'arrive à mettre le doigt dessus.

Son cellulaire sonna. C'était Camille.

— Salut, répondit-il. Est-ce que je peux te rappeler? Je suis…

— Alex ! l'interrompit-elle d'une voix alarmée. J'ai fait des recherches, Ariane t'a menti ! Son frère est décédé il y a quatre ans, frappé par une voiture.

Alex, sous le choc, se laissa tomber sur une chaise.

— Tu es certaine ?

— Oui, il a été tué par un homme d'affaires qui conduisait en état d'ébriété.

— Pas un des associés d'EXO ! osa avancer Alex qui voyait les morceaux du casse-tête se mettre en place.

— Pire que ça, le père de Calvin lui-même, lui dévoila Camille d'une voix grave. Seulement, il n'a pas fait de prison.

— Laisse-moi deviner : il a utilisé ses contacts pour étouffer l'affaire ?

— Exact.

Camille continua de parler, mais l'attention d'Alex fut détournée par Ariane qui venait de revenir dans sa chambre.

Elle se tenait là, l'observant d'un regard perçant, les poings serrés. Alex se leva pour lui faire face, la clé USB entre ses doigts, les tiroirs du bureau ouverts derrière lui, le téléphone contre son oreille.

— … tu dois te méfier d'Ariane, l'avertit Camille. Elle est derrière tout ça !

— Je sais, confirma Alex en ne lâchant pas Ariane des yeux, je vais te rappeler.

Il raccrocha alors que la voix de Camille résonnait encore dans le combiné.

— Tu voulais venger ton frère, constata-t-il simplement en lui montrant la clé.

Ariane tremblait de tous ses membres quand elle énonça d'une voix blanche:

— Ils devaient payer pour ça. Tous ceux qui ont comploté pour que le père de Calvin s'en sorte sans conséquence.

— Il y avait sûrement un autre moyen…

— Le père de Calvin a tué mon frère, articula-t-elle, le visage déformé par la rage. Et en plus, il a agi comme si ce n'était pas important, comme si sa vie ne valait rien. EXO a étouffé l'affaire et ils ont menacé mes parents.

— Vous auriez pu aller à la police…

— EXO contrôle même la police, ils ont des taupes qui travaillent pour eux, le coupa Ariane. Ils ont des contacts partout. J'ai décidé de les coincer autrement. Personne ne se serait douté qu'une fille de seize ans était capable de quoi que ce soit contre EXO.

Elle fit un pas vers lui, visiblement satisfaite d'elle-même.

— J'ai demandé à mes parents de changer d'école. Ils ont accepté. Ils ne me refusent plus rien depuis que je suis devenue leur unique enfant.

La voix d'Ariane se brisa et elle baissa la tête pour se ressaisir.

— Je voulais aller à la même école que Calvin, continua-t-elle à voix basse. Il était mon moyen d'atteindre le groupe EXO. J'ai vite compris qu'il ignorait ce que son père avait fait. J'ai décidé de sortir avec lui pour en apprendre plus sur ma cible...

— ... mais Calvin t'a laissée, la devança Alex.

— Oui, il ne reste jamais longtemps avec ses blondes. J'ai donc changé de tactique et je suis devenue son amie.

Alex émit un rire sinistre.

— Tu es rusée. Laisse-moi deviner: tu as amené Calvin à se confier et il t'a parlé des membres d'EXO. Il t'a révélé leur intention de l'intégrer à leur groupe, mais d'abord, il devait réussir une initiation. Tu as vu là une occasion de passer à l'action.

Ariane fit un sourire qui ressemblait davantage à une grimace.

— En fait, je ne savais pas encore comment j'allais procéder... jusqu'à ce que tu débarques.

Elle pointa Alex du doigt.

— Quand je t'ai vu au secrétariat, j'ai tout de suite compris que tu étais celui qu'il me fallait. Au party chez Calvin, tu as fait une démonstration de tes talents informatiques. Au début, Calvin a hésité à te proposer le contrat. Il ne te connaissait pas et il avait peur que tu le trahisses. J'ai insisté et je suis parvenue à le convaincre. Ensuite, il ne me restait plus qu'à te persuader, mais je savais que ça ne serait pas difficile. Je t'avais déjà enroulé autour de mon petit doigt.

Elle leva son index et le fit tournoyer avec un air malicieux.

Le visage d'Alex demeura impassible. Il était insensible au ton arrogant d'Ariane. Elle pouvait bien penser ce qu'elle voulait, Alex savait en son for intérieur que s'il n'avait pas eu besoin de l'argent pour sauver son père, il n'aurait jamais accepté la demande de Calvin.

— L'autre jour, j'ai trouvé une excuse pour aller chez Calvin et dès que j'en ai eu l'occasion, j'ai regardé dans ses affaires et j'ai pris ton programme Parazit, enchaîna Ariane. Je te félicite, c'est très ingénieux. Je ne pensais pas que tu étais si doué. Il ne me restait plus qu'à le lancer contre le plus grand corps policier du pays.

Elle poussa un soupir de satisfaction.

— Maintenant, la GRC va enquêter sur EXO. Ils voudront découvrir pourquoi ce groupe a tenté de les pirater et ils vont être sur leur dos.

Sa vengeance serait enfin assouvie.

— Toutes leurs magouilles seront mises au jour. Il y aura plusieurs arrestations et ils ne pourront plus fuir.

Elle avait des yeux déments.

— Ariane, tu es allée trop loin ! EXO pense que c'est moi qui suis derrière tout ça. Tu sais de quoi ils sont capables. Tu as mis ma vie en danger !

— J'aurais fait bien plus pour me venger ! explosa-t-elle comme si elle n'avait rien entendu.

Ils croient qu'ils peuvent agir en toute impunité, mais ils se trompent. C'était mon petit frère, Alex ! Ils l'ont tué !

Ariane laissa échapper un sanglot et tourna le dos à Alex pour qu'il ne voie pas ses larmes. Il aurait préféré qu'elle continue à crier. Il ne savait jamais comment réagir quand une fille pleurait.

Puis, il songea à ce qu'Ariane avait fait. Maintenant, Camille avait une dette envers ADNchaos. Cette idée le fit bouillir intérieurement.

— Tu n'as pas idée des conséquences de tes actes. Il y avait d'autres options…

— C'était la seule, trancha Ariane.

— Je ne prendrai pas le blâme à ta place.

Ariane lui fit face. Elle ne pleurait plus. Elle avait retrouvé sa prestance.

— Tu vas me dénoncer à EXO ? Tu sais ce que ces criminels vont me faire s'ils apprennent que c'est moi qui suis derrière tout ça ? Je te connais, Alex, tu es capable de bien des choses, sauf de mettre ma vie en danger. Tu as trop bon cœur pour ça.

Alex baissa les yeux sur la clé USB qu'il avait toujours dans sa main. Ariane avait-elle raison ?

— Je crois que tu devrais partir, murmura-t-elle.

Alex hocha la tête.

Juste comme il passait devant elle, elle le retint par le bras.

Il lui jeta un regard froid.

— C'est vrai que je t'ai utilisé, admit-elle d'une voix plus douce, mais tout ce qu'on a vécu, ce n'était pas complètement faux.

Elle cligna des cils et approcha son visage du sien. Alex, lui, ne broncha pas.

— En ce qui me concerne, j'aimais bien ton côté mystérieux, répliqua-t-il en se dégageant. Maintenant que j'ai découvert ton secret, ce n'est plus le cas.

— Sors d'ici, rugit Ariane, insultée.

— Avec plaisir.

Ses oreilles bourdonnaient. Le sang affluait dans ses tempes. Il se trouvait stupide de n'avoir rien vu. Pendant qu'il marchait dans le froid, il se remémora toutes les fois où il aurait dû se douter de quelque chose. Ariane avait utilisé son charme sur lui et il avait complètement perdu la boule. Il se sentait ridicule.

Pourtant, il n'avait pas dit son dernier mot.

Une fois assis dans l'autobus, Alex texta Camille.

« Peux-tu faire une autre recherche sur le frère d'Ariane ? Sors tout ce que tu peux sur les circonstances de sa mort. »

« Parfait », répondit-elle aussitôt.

« Je vais chez moi. J'ai un problème à régler. Je t'appelle plus tard. »

Camille lui envoya un bonhomme sourire et Alex sentit une grande fierté à l'idée de travailler à nouveau avec elle. Il avait un plan en tête et il allait devoir procéder avec doigté s'il voulait réussir à limiter les dégâts.

Rendu chez lui, il ouvrit son ordinateur et se mit à la tâche sans perdre de temps.

20

Quand Alex lui ouvrit, Benji resta interdit un instant, puis il éclata de rire.

— Ça va ? demanda-t-il en reprenant son souffle. Tu as l'air d'un épouvantail.

— Hum, grommela Alex en laissant entrer son ami, je n'ai pas dormi de la nuit.

Le miroir de l'entrée lui renvoyait l'image d'un gars aux cheveux dressés sur la tête et aux yeux rougis.

— Je crois qu'une douche me ferait du bien.

— Je reviens tout juste du chalet de ma famille. Camille m'a écrit que tu aurais peut-être besoin de moi. Je suis content que vous vous soyez réconciliés !

Ils montèrent à la chambre d'Alex qui fit un détour par la salle de bain pour passer son visage sous l'eau froide.

— J'en ai long à te raconter, lui apprit-il ensuite, en étouffant un bâillement.

Benji l'écouta avec des yeux ronds, ponctuant le récit d'Alex de sifflements étonnés. L'histoire terminée – ils n'avaient aucun secret l'un pour l'autre –, Benji resta songeur un instant, avant d'y aller d'un commentaire :

— Beau temps des fêtes ! Moi, durant mes vacances, ma grand-mère a perdu son dentier et ma petite sœur m'a vomi dessus après avoir mangé toute la tarte au sucre en cachette.

— Chacun ses tracas, le taquina Alex avec un clin d'œil.

— Sérieusement, cette Ariane, elle me donne froid dans le dos.

— Je sais, mais quand même, il s'agissait de son petit frère.

Benji le regarda, estomaqué.

— Ne me dis pas que tu prends sa défense. Elle était prête à mettre ta vie en jeu ! Et puis, tu es encore en danger. Qu'est-ce que tu vas faire quand EXO va mettre la main sur toi ? Ou te dénoncer ?

— C'est pour cette raison que je n'ai pas dormi cette nuit.

Alex saisit son ordinateur portable et le tourna vers Benji pour lui montrer le dossier qu'il avait préparé.

— Ariane n'est pas une hacker et elle n'a aucunement protégé ses coordonnées quand elle a piraté la GRC. J'ai donc réussi à prouver que l'attaque venait de chez elle. Je vais donner ces preuves à Calvin. Au moins, les dirigeants d'EXO sauront que je n'ai rien à voir là-dedans.

Benji fixa Alex d'un regard perçant.

— Tu vas dénoncer Ariane ? demanda-t-il, sceptique. Je ne te crois pas. Ce n'est pas ton genre. Tu es plus du style chevaleresque. À vouloir venir en aide à tout le monde.

Benji fit semblant de tenir une épée imaginaire et il engagea un combat contre un adversaire invisible.

Alex avait l'impression que ces derniers temps, c'était davantage les autres qui le sauvaient, comme son père, et maintenant Camille.

— Tu as raison, admit-il, j'ai élaboré une stratégie pour qu'EXO ne puisse pas lui faire de mal.

Il avait longuement réfléchi au meilleur moyen de procéder et il avait trouvé la solution au beau milieu de la nuit.

Il expliqua à Benji son plan et celui-ci siffla d'admiration.

— Il ne me reste plus qu'à aller la voir pour la mettre au courant de ce que j'ai fait.

— Attention à toi, lui conseilla Benji. Elle ne sera pas contente.

Alex haussa les épaules.

— Moi, elle me fait peur, continua son ami.

— Tu exagères, voulut le rassurer Alex en rangeant son ordinateur dans son sac. Bon, je vais aller régler mes comptes. J'ai hâte que toute cette histoire soit derrière moi.

Il se frotta les yeux.

— J'irai chez Camille après. Tu seras là ?

— Oui, d'ailleurs je vais y aller tout de suite, se décida Benji. Elle m'a dit qu'elle avait fait des biscuits, je ne veux pas manquer ça.

Ils se séparèrent à l'arrêt d'autobus.

Alex texta Calvin pour l'avertir qu'il arrivait chez lui. Ce dernier l'attendit dans l'entrée.

— Mon père est furieux, l'apostropha Calvin d'emblée. Tu nous as causé beaucoup de problèmes.

— Je te répète que je n'ai rien fait du tout, l'interrompit Alex en ne se laissant pas impressionner. Tiens, tu examineras ça.

Il lui lança une clé USB que Calvin attrapa au vol.

— Tu vas savoir qui est le vrai responsable de cette affaire, enchaîna-t-il en songeant à Ariane. Tu vas en informer EXO pour qu'ils me laissent tranquille. Je ne veux plus jamais entendre parler d'eux. Tu m'as bien compris ?

Calvin serra les dents et enfouit la clé dans sa poche. Alex lui tourna le dos et s'éloigna.

Il devait maintenant s'occuper d'Ariane.

Elle lui ouvrit avant même qu'il ne sonne.

— Qu'est-ce qui se passe? s'écria-t-elle en le voyant. La police est venue et ils ont emmené mes parents. Ils vont venir me chercher aussi!

Elle était paniquée et Alex leva les mains en signe de paix.

— Je vais tout t'expliquer.

Il entra sans qu'elle l'invite et alla au salon où elle le suivit. Les cheveux en bataille, elle avait visiblement pleuré, car son mascara avait coulé. Du noir cerclait ses yeux.

— Qu'est-ce que tu as fait? l'accusa-t-elle d'emblée.

Alex sortit son ordinateur de son sac et ouvrit un fichier. Il tourna l'écran vers Ariane.

— Tout est là.

Ariane s'assit à ses côtés. Ses yeux bleus s'assombrirent pendant qu'elle parcourait le document d'Alex.

— Tu m'as dénoncée, siffla-t-elle avec colère.

— Oui, mais j'ai aussi décidé de te protéger, précisa Alex.

— Qu'est-ce que tu veux dire? Pourquoi des policiers sont-ils venus chez moi, alors? Où sont mes parents?

— J'ai envoyé un message anonyme aux autorités, leur expliquant comment EXO avait caché la vérité sur la mort de ton frère. Je les ai avertis que vous aviez reçu des menaces et que vos vies étaient en danger. J'ai monté un dossier complet avec des preuves de ce que tu as fait et je leur ai révélé comment tu as tenté de piéger les gens d'EXO en mettant la GRC à leurs trousses. Résultat, les enquêteurs vont assurer votre sécurité. Vous ferez partie du Programme de protection des témoins, ce qui veut dire qu'ils vous relocaliseront et vous procureront de nouvelles identités. C'est probablement pour cette raison qu'ils rencontrent présentement tes parents.

Ariane l'écoutait en silence. Ses lèvres tremblaient et une unique larme coula sur sa joue.

— Tu voulais faire payer le père de Calvin, poursuivit Alex, eh bien tu as réussi. Toute la vérité sera étalée au grand jour et, cette fois, il ne pourra pas se cacher derrière EXO. Il devra répondre de ses actes.

— Je vais devoir déménager, constata Ariane d'une voix éteinte.

— Tu vas pouvoir repartir à zéro… ailleurs.

Ariane se passa une main dans les cheveux, essayant de reprendre contenance. Benji avait vu juste. Visiblement, ce revirement ne lui plaisait pas.

— Tu as bien joué tes cartes, reconnut-elle avec un sourire amer.

— Tu avais causé assez de dommages comme ça, conclut-il en se levant.

— Ce n'est pas terminé, murmura-t-elle en fixant le vide. Tu t'en sors pour l'instant, mais je vais te faire payer pour ça.

Alex se pencha vers Ariane et attendit jusqu'à ce qu'elle croise son regard.

— Tu ne sais pas à qui tu t'adresses. Dès le début, tu t'es crue plus forte que moi, plus futée. Sauf qu'aujourd'hui, c'est toi qui dois fuir. Tâche de t'en rappeler le jour où tu auras envie de t'en prendre à moi.

Le visage d'Ariane blêmit et elle se mura dans un silence buté. Elle n'insista pas.

Alex quitta les lieux sans se retourner.

Dehors, Alex prit de grandes inspirations et l'air glacial lui brûla les poumons. Il se sentait soulagé de pouvoir mettre toute cette histoire derrière lui. Ariane partirait loin d'ici et lui serait à l'abri d'EXO.

Maintenant, il devrait attendre des nouvelles du Renard et se concentrer sur ADNchaos. Il ne comptait pas laisser Camille travailler pour eux. Il se ferait un devoir de la protéger. Elle ne lui avait pas encore révélé comment elle avait réussi à entrer en contact avec ces pirates. Il aurait certainement une discussion avec elle pour le découvrir et planifier la suite des choses.

Son téléphone sonna pour l'avertir qu'il avait reçu un courriel. Alex regarda le message et s'arrêta net.

Il le relut et sa main serra son cellulaire jusqu'à ce que ses jointures blanchissent.

— Oh… mon… Dieu.

Il se mit à courir aussi vite qu'il le pouvait. Son sac lourd battait contre son dos tandis qu'il zigzaguait pour éviter les plaques de glace.

Il arriva chez Camille, un point au côté et le visage rouge.

— Le Renard m'a écrit, lâcha-t-il quand elle lui ouvrit.

— Viens, allons dans ma chambre, chuchota Camille en le faisant entrer.

Benji était assis sur la chaise de bureau, un biscuit aux pépites de chocolat dans chaque main.

— Laisse-moi la place, le poussa Alex en rentrant. C'est une urgence.

Benji obéit en emportant l'assiette de biscuits.

— Qu'est-ce qui se passe? demanda-t-il la bouche pleine.

— C'est le Renard, résuma Camille pendant qu'Alex accédait à son compte courriel sur l'ordinateur.

Il ouvrit le message et ses deux amis se penchèrent pour le lire:

Voici la localisation de BryanAdams678 hier à 17 heures. Tu trouveras aussi dans le document des informations sur le type que tu cherches. À ta place, je ferais attention. C'est du gros calibre.

Alex plissa les yeux. Qu'est-ce que le Renard voulait dire ?

— Allez, ouvre le fichier, s'impatienta Benji en secouant l'épaule d'Alex.

La gorge nouée, il posa le curseur sur le lien. Il allait enfin savoir où se trouvait son père. Bientôt, il pourrait le revoir. Derrière lui, Camille retenait sa respiration. Il cliqua et le plan d'une ville apparut. Un point rouge indiquait la position de David, la veille.

Alex mit quelques secondes avant de comprendre ce qu'il voyait. Son cœur qui, une minute plus tôt, battait à tout rompre, semblait s'être arrêté dans sa poitrine. Il entendit Camille toussoter et Benji siffla. Comment était-ce possible ?

— Il est ici, marmonna Alex.

Selon cette carte, son père était en plein centre-ville, à moins de quinze kilomètres d'eux. Il n'était donc pas en Russie…

— Il est ici, et il n'a jamais tenté de me contacter !

Il se tourna vers ses amis. Une profonde incompréhension se lisait sur son visage.

— Pourquoi ? demanda-t-il, même s'il savait qu'ils n'auraient pas de réponse.

— Regarde l'autre document, lui suggéra Camille.

Alex s'exécuta et une photo apparut en haut de la page. Elle montrait David qui serrait la main d'un homme. Une troisième personne était à côté de lui. Alex s'approcha pour s'assurer d'avoir bien vu. C'était Madeleine, sa mère! Les trois souriaient.

Les visages de ses parents plus jeunes et la qualité du cliché indiquaient à Alex que la photo avait été prise il y a longtemps, peut-être même avant sa naissance.

Il lut le texte du Renard plus bas:

L'homme qui se cache derrière le pseudonyme BryanAdams678 est David Bourdon. On le voit ici en compagnie de sa femme et de son ami: Christopher McIntyre. Les deux hommes sont les fondateurs d'ADNchaos. David a quitté le groupe il y a quatorze ans, mais il a recommencé à collaborer avec eux depuis quelque temps. La localisation de son lieu de travail est indiquée sur la carte.

Bonne chance,

Le Renard

Alex recula sa chaise, comme si l'ordinateur était infecté d'un virus qu'il pouvait attraper au simple toucher. Il se leva et s'avança face au mur. Camille et Benji étaient silencieux derrière lui.

Son père, fondateur d'ADNchaos…

Impossible. Il refusait d'y croire. Et pourtant...

Une petite voix lui chuchotait que c'était vrai. N'avait-il pas la preuve devant les yeux? Tant de mensonges, tant de mystères. Alex en avait assez.

Il se tourna vers ses amis qui attendaient une réaction de sa part.

— Nous allons devoir obtenir des explications sur tout ça. Vous êtes avec moi?

Benji plaça sa main sur son front, imitant le salut du soldat au garde-à-vous. Quant à Camille, elle afficha le sourire espiègle qui faisait tout son charme:

— Tu as juste à nous dire quoi faire.

Alex hocha la tête, le cerveau déjà en ébullition.

— Au travail. Nous n'avons pas de temps à perdre.

Alex était couché sur son lit, les mains derrière la tête et contemplait rêveusement le plafond. Depuis qu'il savait son père tout près de lui, il ressentait un mélange d'émotions contradictoires: du soulagement qu'il ne soit pas dans un autre pays, de la colère parce qu'il n'avait pas donné signe de vie, et de la peur face à ce qui allait suivre.

Alex savait que s'attaquer à ADNchaos était beaucoup plus risqué que tout ce qu'il avait entrepris jusqu'à présent, mais rester les bras croisés était impensable.

Il ressentait aussi une grande perplexité depuis qu'il avait appris que son père avait fondé ADNchaos. De plus, sa mère devait être au courant des activités illicites de David puisqu'elle se trouvait sur la fameuse photo…

Justement, il l'entendit au rez-de-chaussée. Elle sifflotait en préparant le souper. Une odeur de ragoût vint chatouiller les narines d'Alex. Depuis Noël, sa mère était plus présente à la maison. Était-ce seulement parce qu'elle était moins occupée au travail, ou tentait-elle de rattraper le temps perdu avec son fils ? Quoi qu'il en soit, il était bien content de manger un vrai repas !

Alex ne lui avait pas parlé de la photo. Ça lui avait fait tout drôle de voir son père et sa mère, plus jeunes, alors qu'ils formaient probablement encore un couple. Ils s'étaient séparés peu après sa naissance, il n'avait donc aucun souvenir de ses parents ensemble.

Son téléphone fit un son, le sortant de ses rêveries. Il avait reçu un texto de Camille.

« Je suis là ! »

Il s'approcha de la fenêtre pour la voir arriver dans la rue. Elle était belle avec son gros foulard enroulé autour de son cou et ses cheveux blonds qui s'échappaient de sa tuque rose. Il se demandait comment il avait pu mettre autant de temps avant de se rendre à l'évidence : il l'aimait.

Quand elle arriva dans l'entrée, elle leva les yeux vers lui et son visage s'illumina. Elle lui envoya la main.

Pendant qu'il descendait l'escalier, il songea qu'il allait devoir lui demander à nouveau comment elle avait réussi à contacter ADNchaos. Il l'avait questionnée à plusieurs reprises, mais elle avait toujours refusé de lui répondre. Elle changeait de sujet ou restait vague.

Il était déterminé à savoir le fin fond de l'histoire et il ne comptait pas lâcher le morceau.

Mais lorsqu'il ouvrit la porte et qu'elle sauta dans ses bras pour l'embrasser, il se dit en l'enlaçant que ces questions pouvaient bien attendre encore un peu…

Remerciements

Plusieurs personnes m'ont aidée à comprendre l'univers énigmatique des pirates informatiques, afin de rendre cette histoire crédible.

Je tiens à remercier :

Jean-François Samson, pour ses commentaires savants, à l'aide de dessins même !

Pierre-Luc Roger, qui m'a fourni une foule d'informations utiles sur les groupes de hackers et qui a agrémenté la correction du manuscrit de ses remarques constructives (conclusion : ne jamais faire confiance à une fille en robe noire dans un sous-sol !).

Soraya Larivière, pour sa correction juste et précise du manuscrit (et qui s'est sentie visée par le commentaire sur les filles en robe noire).

Mathis Brisson, pour ses observations pertinentes sur le déroulement de l'histoire… et ses biscuits en pain d'épices.

Robert Kovac, pour ses remarques pas du tout constructives, quoique très divertissantes.

La compagnie Serrurier Beaubien, en particulier Francine Paquet, pour ses précieux renseignements sur les serrures et la meilleure façon d'entrer par effraction dans une maison (j'ai mis du temps à les convaincre que je n'étais pas une criminelle).

Alex Hudon, mon amour, qui est maintenant convaincu que je suis moi-même un pirate informatique.

Sandrine Lazure, mon éditrice-trop-cool, sans elle, ce livre n'aurait jamais vu le jour.

Françoise Côté, la réviseure qui trouve toutes mes failles d'écriture, et Claude Brabant, le correcteur d'épreuves qui ne laisse rien passer.

Et enfin, un immense merci à la maison d'édition Hurtubise, constituée de gens formidables qui ont accepté de me donner une chance. Je suis choyée de pouvoir faire partie de votre équipe.

Suivez-nous

GARANT DES FORÊTS INTACTES

Réimprimé en novembre 2016
sur les presses de Marquis-Gagné
Louiseville, Québec